REVUE

DE

DROIT INTERNATIONAL PRIVÉ

ET DE

DROIT PÉNAL INTERNATIONAL

FONDÉE PAR **A. DARRAS**

CONTINUÉE PAR

A. DE LAPRADELLE

PROFESSEUR A LA FACULTÉ DE DROIT DE L'UNIVERSITÉ DE PARIS
ASSOCIÉ DE L'INSTITUT DE DROIT INTERNATIONAL

EXTRAIT

DU REFUS OPPOSABLE AUX INDIGNES
QUI PRÉTENDENT DEVENIR FRANÇAIS
PAR VOIE DE RECRUTEMENT MILITAIRE

Par Henri HAYEM
CHARGÉ DE COURS A LA FACULTÉ DE DROIT D'AIX

LIBRAIRIE
DE LA SOCIÉTÉ DU

RECUEIL SIREY

22, rue Soufflot, PARIS, 5e arrdt
L. LAROSE & L. TENIN, Directeurs

1912

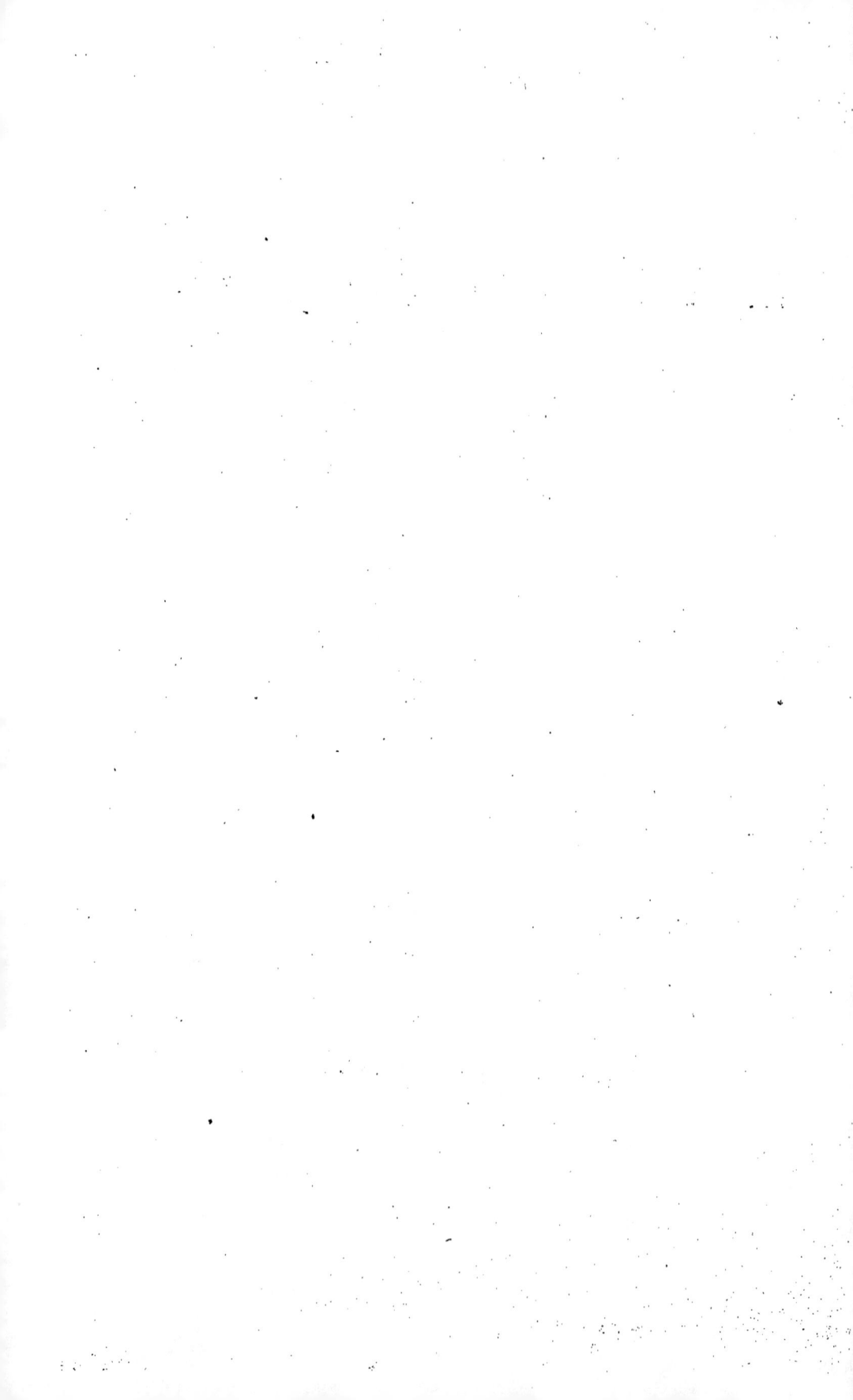

DU REFUS OPPOSABLE AUX INDIGNES

QUI PRÉTENDENT DEVENIR FRANÇAIS
PAR VOIE DE RECRUTEMENT MILITAIRE

(Article 9 *i. f.* du Code civil)

Par Henri HAYEM,

Chargé de cours à la Faculté de droit d'Aix.

L'article 9 du Code civil, tel qu'il est résulté des revisions apportées par les lois du 26 juin 1889 et du 22 juillet 1893, comporte onze alinéas. Le dernier de ces alinéas, étranger au texte de 1804, a été introduit par la loi de 1889, et il a été maintenu par celle de 1893 ; mais c'est maintenant le onzième alinéa, tandis qu'en 1889, c'était le troisième.

Il est ainsi libellé :

« *Il* (l'individu né en France d'un étranger et qui n'y est pas domicilié à l'époque de sa majorité) *devient également Français si, ayant été porté sur le tableau de recensement, il prend part aux opérations de recrutement sans opposer son extranéité* ».

On a souvent remarqué que l'hypothèse ainsi prévue était celle où l'individu en question a été porté *par erreur* sur le tableau du recensement. Régulièrement, en effet, cet individu ne doit pas y figurer. Pour se convaincre qu'il s'agit bien d'une mention faite *par erreur*, il suffit de se reporter aux lois relatives au recrutement de l'armée (LL. 15 juill. 1889 et 23 mars 1905). Nulle part, ces lois ne prescrivent de porter sur les tableaux les individus nés en France d'étrangers et qui n'y sont pas domiciliés à l'époque de leur majorité. Donc, quand de tels individus sont portés sur un tableau de recensement, c'est que l'administration les a inscrits *par erreur*.

Mais on va plus loin, et l'on admet, en doctrine comme en jurisprudence, que si, cette erreur une fois commise par l'administration, l'intéressé « prend part aux opérations de recrutement sans opposer son extranéité », il devient Français de *plein droit*, c'est-à-dire d'une manière inéluctable, et sans que le gouvernement puisse l'en empêcher : peu importe qu'il soit un « indigne », un malfaiteur avéré, un espion notoire, un proxénète, un « indésirable ». L'erreur commise par l'administration aurait donc pour conséquence d'ouvrir tout grand l'accès à la nationalité française : une fois cette erreur commise, elle serait irréparable.

Cette opinion, qui, jusqu'à présent, a été adoptée par tous, nous semble devoir être mise en doute. Sans aller jusqu'à affirmer avec une certitude absolue qu'elle est inexacte, nous croyons qu'il y a de bonnes raisons pour nous défier d'elle, et qu'elle ne s'impose nullement. Nous croyons même que l'opinion contraire peut être assise sur une base plus solide que l'opinion aujourd'hui couramment admise.

Notre affirmation, à première vue paradoxale, se heurte, semble-t-il, aux textes.

En effet, sous l'empire de la loi du 26 juin 1889, les individus nés en France de parents étrangers et qui n'y résidaient pas à l'époque de leur majorité, pouvaient tous devenir Français au moyen de quelques formalités très simples. Le gouvernement n'avait d'autre droit que celui d'enregistrer la déclaration de ces individus, il n'avait nullement celui de leur refuser la qualité de Français. Que ce fussent des délinquants, des indésirables, des espions, peu importait. Le gouvernement n'avait pas davantage le droit de leur refuser la qualité de Français, lorsque, portés par erreur sur le tableau de recensement, ils avaient pris part aux opérations de recrutement sans opposer leur extranéité. Le fait de prendre part à ces opérations était assimilé à celui d'effectuer la déclaration très simple, à laquelle ils auraient été, sans cela, assujettis. Telle était la portée indiscutable de l'article 9 du Code civil, dans la forme qu'avait déterminée la loi du 26 juin 1889. — Or, la loi du 22 juillet 1893 a rendu beaucoup plus difficile l'acquisition de la qualité de Français pour les individus nés en France de parents étrangers et qui n'y résident pas à l'époque de leur majorité. Le gouvernement a désormais le pouvoir de refuser l'enregistrement des déclarations, soit lorsqu'elles émanent d'individus qui ne sont pas dans les conditions requises par la loi (al. 2 de l'art. 9), soit même lorsque leurs auteurs sont jugés indignes de devenir Français (al. 4 de l'art. 9). Mais, si la loi du 22 juillet 1893 a remanié profondément l'article 9 du Code civil, elle a laissé intact l'alinéa final : elle l'a reproduit *mot pour mot*. Dès lors, on a été amené tout naturellement à penser qu'elle avait maintenu aussi la portée de cet alinéa, sans y rien enlever. Et l'on arrive ainsi au système suivant : l'individu né en France d'un étranger, qui n'y réside pas à l'époque de sa majorité, et qui veut devenir Français, peut : — ou bien faire une déclaration, qui sera soumise au gouvernement, et qui pourra être rejetée notamment en cas d'indignité, — ou bien, s'il est porté, par erreur, sur le tableau du recensement, devenir Français à coup sûr et sans examen de dignité, s'il prend part aux opérations de recrutement et néglige d'opposer son extranéité.

Quelle apparence y a-t-il que le texte de 1889 doive être interprété, depuis 1893, autrement qu'auparavant? — Aucune apparence, en effet. — Et ce texte n'est-il pas formel? « Il devient *également* Français... », cela ne veut-il pas dire qu'aucun contrôle ne sera exercé en ce qui concerne sa moralité? — Il semble, en effet, qu'aucun doute ne puisse surgir à cet égard.

Pour que le doute se produise, il faut faire l'histoire de cet alinéa final de l'article 9, et examiner minutieusement les travaux préparatoires. C'est seulement après cette étude historique et cette analyse que l'on commence à voir les choses sous un nouvel aspect.

Avant d'entreprendre cette recherche, indiquons brièvement l'intérêt de la question.

o°o

L'intérêt de la question peut se résumer d'un mot. L'interprétation traditionnelle soulève une foule de difficultés. L'interprétation nouvelle, que nous proposons, supprime toutes ces difficultés, et n'en fait naître aucune.

Il nous suffit donc de rappeler les difficultés suscitées par l'article 9, alinéa final, tel qu'on l'entend habituellement.

Ces difficultés peuvent se classer en deux groupes.

En premier lieu, qu'est-ce que « prendre part aux opérations de recrutement », au point de vue de l'acquisition de la qualité de Français?

Sous la loi de 1889, il fallait, suivant les uns, pour acquérir cette qualité, participer à toutes les opérations de recrutement, sans aucune exception, et notamment, au tirage au sort [1] ; suivant les autres, il suffisait que le maire eût tiré pour l'intéressé [2], et que ce dernier se fût ensuite, présenté devant le conseil de revision [3]. — Cette controverse a perdu tout intérêt depuis la loi du 21 mars 1905, qui supprime le tirage au sort, et confère aux conseils de revision la charge d'examiner les tableaux de recensement, de les lire à haute voix devant les intéressés et de recevoir les observations de ceux-ci (art. 16, L. 21 mars 1905). Cet examen des listes incombait antérieurement à la commission chargée d'effectuer le tirage au sort (art. 16 et 17, L. 15 juill. 1889).

Mais une autre difficulté subsiste. — Suivant les uns, l'étranger, pour bénéficier de l'article 9, alinéa final, ne doit pas seulement avoir été porté sur les tableaux du recensement, et avoir participé aux opérations du recrutement sans exciper de son extranéité ; il faut de plus qu'il ait été définitivement maintenu sur les listes de recrutement. Or, « la liste de recrutement cantonal de la classe est définitivement arrêtée et signée par le conseil de revision » non pas au début des opérations du recrutement, mais seulement « après que le conseil de revision a statué sur les cas d'exemption, ainsi que sur toutes les réclamations auxquelles les opérations peuvent donner lieu » (art. 33, L. 15 juill. 1889, reproduit par l'art. 30, L. 21 mars 1905, qui exige seulement, en outre, l'intervention et la signature des maires des communes intéressées). Mais il peut arriver que « le conseil de revision ajourne sa décision » ou qu'il ne prenne qu' « une décision conditionnelle ». Le conseil opère ainsi « lorsque les jeunes gens portés sur les tableaux de recensement ont fait des déclarations dont l'admission ou le rejet dépend de la décision à intervenir sur des questions judiciaires relatives à leur état ou à leurs droits civils ». Et les lois sur le recrutement, après avoir statué ainsi (art. 31, L. 15 juill. 1889, reproduit par l'art. 28,

(1) Lainé, *Dissertation*, sous Civ., 9 février 1904, *Lovera*, D. P. 1905. 1. 445, 1re-2e col.

(2) Caen, 17 juin 1896, *Vangertruy*, J. d. dr. int. pr., 1897, p. 565.

(3) Civ. 9 février 1904, *Lovera*, S. 1905. 1. 293, D. P. 1905. 1. 441.

L. 21 mars 1905) indiquent la procédure à suivre pour trancher ces questions d'état ou de droits civils. On conclut de là que les opérations du recrutement ne sont pas clôturées, et que la liste du recrutement n'est pas définitivement arrêtée ni signée, tant que les questions d'état et de droits civils soumises à l'autorité judiciaire n'ont pas été définitivement tranchées. Jusqu'à ce moment, l'administration peut reconnaître son erreur, biffer le nom de l'étranger porté sur les listes du recensement, et le contraindre, s'il veut devenir Français, à faire une déclaration, et à subir, de la part du gouvernement, un examen de moralité [1]. — Suivant les autres, l'étranger a bien le droit d'exciper de son extranéité tant que les opérations du recrutement ne sont pas définitivement clôturées, et de contraindre ainsi l'administration à biffer son nom des listes provisoires du recrutement. Mais l'administration a un droit beaucoup plus limité que l'étranger. Sous l'empire de la loi du 15 juillet 1889, on reconnaissait à l'administration le pouvoir de revenir sur sa propre erreur dans deux occasions seulement : « soit au moment du tirage au sort, soit au moment de la revision » [2]. Si l'administration laissait passer ces deux occasions sans rayer le nom de l'étranger, et que celui-ci n'ait pas excipé de son extranéité, cet étranger était devenu définitivement Français. Peu importait que l'administration eût fait des réserves, qu'elle eût ajourné sa décision relativement au maintien de l'étranger sur les listes, ou qu'elle eût pris une mesure conditionnelle en attendant que l'autorité judiciaire eût statué sur le cas de cet étranger : la qualité de Français était « définitivement acquise à celui-ci, sans que l'autorité judiciaire eût le pouvoir de lui en refuser le bénéfice » [3]. Sous l'empire de la loi du 21 mars 1905, l'administration a moins de latitude, puisque cette loi a supprimé le tirage au sort, comme nous l'avons dit plus haut. L'administration n'aurait donc plus qu'un seul droit : celui de rayer le nom de l'étranger

---

(1) Avis du ministre de la Justice au ministre de la Guerre, dans l'affaire *Ange Furno*, *J. d. dr. int. pr.*, 1902, p. 828-829; thèse soutenue par le préfet des Bouches-du-Rhône, dans les affaires *Lovera* (V. *suprà*, p. 664, note 3) et *Ellena* (V. la note 3, ci-dessous); Lainé, *Dissertation* précitée, p. 445-447.

(2) Civ. 9 février 1904, *Lovera*, précité.

(3) *Ibid.* et le rapport de M. le conseiller Falcimaigne. — V. dans le même sens : Aix, 3 juin 1901, *Ange Furno*, *J. d. dr. int. pr.*, 1902, p. 827; Trib. civ. Marseille, 7 juin 1902, *Ellena*, *J. d. dr. int. pr.*, 1903, p. 864.

avant la revision. Si elle le laissait participer, ne fût-ce qu'à
l'appel des noms qui marque le commencement des opérations du
conseil de revision, elle serait forclose, et ne pourrait plus empêcher l'étranger de devenir Français, s'il consentait à se plier aux
autres opérations de la revision (1). — Toute controverse, à cet
égard, cesserait, si, comme il est, croyons-nous, possible de le
soutenir, le fait de participer aux opérations du recrutement sans
exciper de son extranéité doit être considéré comme équivalant à
la déclaration prévue par l'alinéa 1 de l'article 9 du Code civil.
Alors, l'erreur commise par l'administration serait réparable, dans
les deux seuls cas où il y ait lieu de la regretter : si l'intéressé n'est
pas dans les conditions requises par la loi, ou s'il est indigne de
devenir Français. Ce serait le ministre de la Justice qui inter-
viendrait alors pour empêcher que la participation aux opérations du recrutement ne conférât à l'étranger la qualité de Français. En d'autres termes, le fait pour l'étranger, porté par erreur
sur les listes du recensement, de participer aux opérations du
recrutement sans opposer son extranéité, équivaudrait, non pas
à la déclaration prévue par l'article 9, tel que l'avait rédigé la
loi du 26 juin 1889, mais à la déclaration prévue par ce même
article, tel que l'a rédigé la loi du 22 juillet 1893 ; non pas à
une déclaration péremptoire et sans réplique, mais une déclaration conditionnelle, et dont l'effet pourrait tomber, si le ministre de la Justice la jugeait irrégulière ou en trouvait l'auteur
indigne de devenir Français.

Le deuxième groupe de difficultés, que le système proposé
ferait également disparaître, a trait au cas où un individu né en
France d'un étranger a été expulsé de notre pays avant d'avoir
été appelé à participer aux opérations du recrutement. C'est
au sujet de cette hypothèse que se sont posées les questions les
plus intéressantes.

Les solutions que l'on a proposées découlent, d'ailleurs, de
celles que l'on donne à une autre question de plus grande enver-
gure : un individu expulsé de France, peut-il, sans tomber sous
le coup de la loi du 3 décembre 1849, rentrer en France, sans

(1) Montpellier, Ch. réun., 11 janvier 1900, et Cr. 26 mai 1900, *Vicedo*,
J. d. dr. int. pr., 1900, p. 796. — L'affaire *Vicedo* présente, à cet égard,
un cas d'application anticipé de la loi du 21 mars 1905, puisqu'elle a trait à l'Algérie, et que, à l'époque où elle s'est produite, il n'y avait pas de tirage au sort
en Algérie.

la permission du gouvernement à l'effet : — soit d'y satisfaire à la condition de résidence, qui lui est imposée par l'article 8-4° du Code civil (rédaction de 1889), en vue de l'acquisition de la qualité de Français ; — soit d'y participer aux opérations du recrutement, dans les termes de l'article 9, alinéa final, en vue d'acquérir cette même qualité ? — La Chambre criminelle de la Cour de cassation, approuvée en cela par beaucoup d'auteurs, a soutenu d'abord que la loi du 3 décembre 1849 devait recevoir, même dans ces cas, sa pleine et entière application. L'intéressé ne pouvait donc devenir Français que s'il obtenait du Gouvernement l'autorisation de rentrer en France pour s'y créer un domicile, soit sans soumission préalable (art. 8-4°, C. civ.), soit avec soumission, suivie d'une déclaration (art. 9, C. civ.), ou encore pour aller prendre part aux opérations du recrutement, s'il avait été porté, par erreur, sur les listes du recensement (al. final de l'art. 9, C. civ.) [1].

Mais, devant les résistances de la Chambre civile, la Chambre criminelle de la Cour de cassation amenda son système, qui devint alors le suivant : l'arrêté d'expulsion peut empêcher d'acquérir la qualité de Français, dans le cas de l'article 8-4°, mais non dans celui de l'article 9, ni dans ceux, voisins, des articles 10 et 12 du Code civil [2]. En conséquence, dans les cas

(1) Alger, 2 décembre 1886, *Pariente*, D. P. 94. 2. 362 *a* ; Trib. civ. Lille, 7 août 1890, *Thiry*, infirmé par Douai, 6 décembre 1890, Civ., 27 octobre 1891, *J. d. dr. int. pr.*, 1891, p. 1223 ; 1892, p. 690. Trib. civ. Bastia, 19 décembre 1890, *ibid.*, 1891, p. 946 ; Cr., 19 décembre 1891, *Casana*, S. 92. 1. 107, D. P. 93. 1. 329 ; Paris, 29 juin 1893, *Beisser*, D. P. 94. 2. 361 ; Cr. 22 décembre 1894, *Pomezano*, *J. d. dr. int. pr.*, 1895, p. 386, S. 95. 1. 155, D. P. 95. 1. 136 ; Cr. 31 janvier 1896, *Lorent*, D. P. 96. 1. 337. — Campistron, *Commentaire pratique des lois sur la nationalité*, p. 55 ; Rouard de Card, *La nationalité française*, p. 183 ; Tainturier, *Conclusions*, sous Douai, 6 décembre 1890, précité ; Bertrand, *Conclusions*, sous Civ., 27 octobre 1891, précité ; Bard, *Rapport* sous Cr. 22 décembre 1894, précité ; Despagnet, D. P. 94. 2. 361 ; Lainé, *De l'expulsion des étrangers appelés à devenir Français par le bienfait de la loi, J. d. dr. int. pr.*, 1897, p. 701-720 ; Dissertation sous Civ., 9 février 1994, D. P. 1905. 1. 441 ; Accarias, *Rapport* sous Cr. 31 janvier 1896, *Rev. crit.*, 1896, p. 95 ; Durand, *Rapport* sous Ch. réun., 9 décembre 1896, *Gaz. du Pal.*, 15, 16 et 17 décembre 1896 ; Surville, *Rev. crit.* 1897, p. 203 ; Despagnet, *Précis de dr. int. privé*, 4e éd., n° 37, p. 89 et s. ; Baudry-Lacantinerie et Houques-Fourcade, *Des personnes*, 3e éd., t. 1, n° 396 ; Surville et Arthuys, *Cours de dr. int. privé*, 4e éd., n° 39, p. 65 ; Villey, sous Cr. 30 janvier 1896, S. 96. 1. 537 ; Roche-Agussol, sous Cr. 20 juin 1907, *Pand. fr.*, p. 1907. 1. 255.

(2) Cr. 30 mars 1898, *Lang*, S. 99. 1. 111, D. P. 99. 1. 324 ; Cr. 22 juillet

relevant des articles 9, 10 et 12, l'étranger expulsé peut rentrer en France, sans commettre aucun délit, et, notamment, s'il a été porté par erreur sur les listes du recensement et s'il a participé sans exciper de son extranéité aux opérations du recrutement, il devient Français. Peu importe que ce soit un espion avéré, un criminel de droit commun, un proxénète. Il n'y a plus aucun moyen de jeter hors de la nationalité française celui qui profite ainsi de l'erreur commise par l'administration. — La Chambre civile, que l'on a pu croire, pendant quelque temps, disposée à transiger avec la Chambre criminelle, ne s'est, au fond, jamais départie de sa doctrine : l'arrêté d'expulsion doit tomber, dès l'instant qu'il a pour effet d'empêcher un étranger d'effectuer les actes (fixation de domicile, même sans soumission préalable, déclaration, participation aux opérations du recrutement) qui lui permettront de devenir Français (1).

1899, *Vicedo*, S. 1901. 1. 417, D. P. 1903. 1. 28, *J. d. dr. int. pr.*, 1899, p. 1020 ; Montpellier, 11 janvier 1900, *Vicedo*, *J. d. dr. int pr.*, 1900, p. 796; Cr. 3 mai 1900, *Vicedo*, D. P. 1903. 1. 28; Cr. 2 avril 1903, *Noce*, *Bull. crim.*, n° 145; Cr. 17 juillet 1903, *Iasa*, *ibid.*, n° 267; Alger, 16 novembre 1905, *Noto Assi*, cette *Revue*, 1908, p. 650; Aix, 27 janvier 1906, *Soldati*, cette *Revue*, 1906, p. 525; Montpellier, 10 mai 1906 et Cr. 20 juin 1906, *Cini*, cette *Revue*, 1908, p. 650, *Pand. fr.*, 1907. 1. 255; Alger, 12 janvier 1907, *Castiglioni*, cette *Revue*, 1903, p. 652; Cr. 20 février 1908, *Jacopini*, *ibid.*, 1908, p. 654, D. P. 1909. 1. 542; Trib. civ. Nice, 30 mars 1908, *Ghio*, cette *Revue*, 1908, p. 655; Cr. 28 janvier 1909, *Barbey*, cette *Revue*, 1909, p. 573. — En ce sens : Al. Martini, cette *Revue*, 1908, p. 656 et s. Cet auteur fait pourtant des réserves en ce qui concerne l'application de ce système à l'alinéa final de l'article 9. V. *loc. cit.*, p. 663, note 4 et *L'expulsion des étrangers*, 1909, p. 237.

(1) Lyon, 10 novembre 1890, *Beffa*, *J. d. dr. int. pr.*, 1891, p. 946, D. P. 91. 2. 169; Douai, 6 décembre 1890, *Thiry*, D. P. 92. 2. 169; Civ., 27 octobre 1891, *Thiry*, S. 91. 1. 539, D. P. 92. 1. 41, *Pand. fr.*, 92. 1. 1; Aix, 25 avril 1895, *Sordello*, D. P. 96. 2. 335; Douai, 5 novembre 1895, *Lorent*, D. P. 96. 1. 340; Amiens, 19 mars 1896, *Lorent*, D. P. 96. 2. 336; Ch. réunies, 9 décembre 1896, *Lorent*, S. 97. 1. 297, D. P. 97. 2. 152; Douai, 6 mars 1897, *Lorent*, D. P. 97. 2. 152; Civ. 9 février 1904, *Lovera*, précité; Nice, 28 décembre 1904, *Volla*, cette *Revue*, 1908, p. 648; Paris, 13 novembre 1907, *Savarino*, *ibid.*, p. 653; Civ., 2 mai 1910, *Ghio*, cette *Revue*, 1910, p. 420; Nîmes, Ch. réun., 6 mars 1911, *Ghio*, cette *Revue*, 1911, p. 366; Aix, 26 avril 1911, *Fossati*, cette *Revue*, 1911, p. 662. — Weiss, *Pand. fr.*, 92. 1. 1, *Traité théor. et prat. de dr. int. privé*, t. 1er, *De la nationalité*, p. 105 et s., 190; Cohendy, D. P. 2. 170; De Bœck, D. P. 92. 1. 141 : Glard, *De l'acquisition et de la perte de la qualité* p. 237; A. de Lapradelle, *Nationalité d'origine*, p. 291 et s.; Raymond Hubert, *De la nationalité et du droit d'expulsion*, *J. d. dr. int. pr.*, 1895, p. 535, *De la participation aux opérations de recrutement et de la nationalité*, *J. d. dr.*

En ce qui concerne les individus, qui cherchent à devenir Français par leur participation aux opérations du recrutement, la jurisprudence arrivait donc à décider qu'ils acquéraient la nationalité française, quand bien même ils auraient été régulièrement expulsés de France. Sur ce point, la Chambre criminelle et la Chambre civile sont d'accord depuis l'arrêt prononcé par les Chambres réunies, dans l'affaire *Lorent,* le 9 décembre 1896 [1]. — Mais nombre d'auteurs dirigent contre cette application d'un principe, d'ailleurs discutable, des attaques spéciales. On ne saurait, disent-ils, reconnaître à un étranger expulsé le droit de venir en France en dépit de l'arrêté d'expulsion, à seule fin de profiter d'une erreur commise par l'administration, c'est-à-dire d'une violation de la loi sur le recrutement de l'armée. La jurisprudence la plus favorable à ces étrangers permet, nous l'avons vu, à l'administration, de rectifier cette erreur jusqu'au moment où l'étranger appelé commence à prendre part aux opérations du conseil de revision. Or, une telle jurisprudence contient implicitement mais très certainement cette affirmation : l'étranger, au profit duquel l'erreur a été commise, n'a, de ce chef, aucune « vocation à la qualité de Français », car, a-t-on dit, « l'invitation à revêtir la qualité de Français ne va pas sans le mode d'y répondre tracé par la loi; ce sont deux choses inséparables; et le seul mode légal de répondre à l'invitation légale, pour l'étranger non domicilié en France à sa majorité, c'est la déclaration de volonté faite à l'autorité compétente... On ne peut pas dire de l'étranger qui veut mettre à profit la dernière disposition de ce texte ce que l'on dit de celui qui se prévaut de la première : « investi par la loi du droit de devenir Français par un acte de sa volonté, il est légalement apte par cela même à accomplir les conditions auxquelles la réalisation de sa volonté est subordonnée ». On ne peut pas le dire, puisque la base du raisonnement est l'existence d'un droit, et qu'ici, tout droit fait défaut » [2].

Une nouvelle controverse vient ici se greffer sur la pre-

---

int. pr., 1902, p. 27 et s.; Cabouat, D. P. 96. 1. 337; Manau, *Conclusions devant les Ch. réunies,* aff. *Lorent,* D. P. 97. 1. 161; Audinet, *Princ. de dr. int. privé,* 2ᵉ éd., nᵒ 42, 74; Chervet, cette *Revue,* 1906, p. 530 et s.

(1) V. Cr. 22 juillet 1899, et 3 mai 1900, *Vicedo,* précités; Civ., 9 février 1904, *Lovera,* précité.

(2) Lainé, D. P. 1905. 1. 443-445.

mière, et l'on aperçoit, en même temps, derrière une question qui paraît un peu théorique, une question d'un ordre essentiellement pratique et du plus sérieux intérêt.

Si, comme le soutient la jurisprudence, l'étranger expulsé de France peut, sans commettre de délit, rentrer dans notre pays, lorsqu'il a été porté par erreur sur les listes du recensement, et devenir Français, en participant, sans exciper de son extranéité, aux opérations du recrutement, faut-il faire un pas de plus et dire que l'étranger expulsé peut provoquer cette erreur, par différentes manœuvres, et forcer ainsi littéralement les portes de la nationalité française? — La Cour de cassation, une fois engagée dans son système, a été entraînée à répondre affirmativement à cette question. Le pourvoi, dans l'affaire *Lovera*, soutenait que cet étranger n'était « pas en droit de provoquer par un acte de sa volonté sa participation aux opérations du recrutement ». La Chambre civile de la Cour de cassation a rejeté le pourvoi et ratifié ce procédé [1]. Mais la doctrine a protesté, en disant que les étrangers nés en France n'étaient assurément pas autorisés par l'alinéa final de l'article 9 à se faire inscrire sur les tableaux du recensement, et qu'en le faisant ils commettaient une illégalité [2]. C'est ici qu'apparaît l'intérêt pratique de la question. Car certains auteurs, forts de la jurisprudence ainsi établie, semblent en faire une arme pour réduire en pièces tout le système de la loi du 22 juillet 1893. Voici, en effet, les conseils fort ingénieux que l'on donne aux étrangers expulsés de notre sol. Ces expulsés sont, ne l'oublions pas, des personnages généralement peu recommandables. Or, on comprend que ces étrangers désirent devenir Français; car ils sont, sans doute, assez mal reçus dans les pays où ils se sont réfugiés, dont ils ne connaissent peut-être pas la langue, et où ils sont traités en suspects. Et, si ce sont des espions, au service d'une puissance étrangère, l'on conçoit qu'ils puissent être particulièrement désireux d'effectuer, en France, leur service militaire. Le procédé qu'on leur enseigne est le suivant : faire devant le consul de France, en pays étranger, une soumission de fixer en France son domi-

---

(1) Civ. 9 février 1904, *Lovera*, précité, et le rapport de M. le conseiller Falcimaigne.

(2) Lainé, D. P. 1905. 1. 443. — V. aussi : Barrault, *De l'acquisition de la nationalité par voie de recrutement militaire*, J. d. dr. int. pr., 1906, p. 700 et s.

cile « soi disant en vue de souscrire ultérieurement la déclaration de l'article 9, § 1 »; rentrer alors en France — la jurisprudence le permet; — puis réclamer, par ministère d'huissier, l'inscription sur les listes du recensement. Et ces expulsés deviendront alors Français, sans subir aucun examen de moralité, tout simplement en participant aux opérations du recrutement [1].

Ce sont là des opérations savantes. En pratique, on réussit en agissant plus simplement encore. *Lovera* s'était fait inscrire sur les listes du recensement par l'intermédiaire de son père, et cela avait suffi. Un autre, nommé *Crotogli,* avait usé d'un stratagème ingénieux : il avait réclamé l'inscription par ministère d'huissier; l'administration avait opéré une inscription conditionnelle, c'est-à-dire en réservant au conseil de revision le droit de rayer l'intrus, suivant la solution admise par la jurisprudence; mais, entre le moment de l'inscription ainsi obtenue et celui de la réunion du conseil de revision, Crotogli avait été poursuivi devant le tribunal correctionnel pour contravention à l'arrêté d'expulsion, et il avait été acquitté, conformément à la jurisprudence que nous avons exposée, parce qu'il avait tiré au sort; le conseil de revision avait, alors, rayé Crotogli des listes, sauf le droit pour ce dernier de faire juger, par les tribunaux civils, qu'il était devenu Français; puis Crotogli avait actionné le préfet devant le tribunal civil pour faire décider que le jugement du tribunal correctionnel constituait chose jugée en sa faveur, relativement à la nationalité; cette prétention, repoussée en première instance, avait été accueillie en appel; et le conseil de revision s'était ainsi trouvé dans l'impossibilité juridique de maintenir une radiation, qu'il avait pourtant effectuée dans le délai [2]. *Ange Furno* aussi avait requis son inscription par ministère d'huissier [3]. — Il est clair que l'alinéa final de l'article 9 reçoit ainsi une application que l'on peut qualifier de singulière. L'étranger ne profite plus d'une erreur commise par l'administration; il provoque cette erreur, il contraint

---

(1) Hubert, *De la participation aux opérations de recrutement et de la nationalité,* précité, p. 28 et s.

(2) Trib. corr. Marseille, 4 et 7 avril 1900; Trib. civ. Marseille, 26 octobre 1900; Aix, 6 décembre 1900, *Rec. Gaz. des Trib.*, 1901, 1ᵉʳ sem., 2. 242. — V. aussi, Barrault, *loc. cit.*, p. 701, note 3.

(3) V. *supra,* p. 665, notes 1 et 3.

l'administration à la commettre, et cela, par une simple application de la jurisprudence établie.

En conséquence, il faut dire qu'aujourd'hui, se soumettent à l'examen de moralité, institué par la loi du 22 juillet 1893, les étrangers nés en France d'étrangers, et habitant hors de France à l'époque de leur majorité, dans un cas seulement : lorsqu'ils ont la conscience nette. Et, en effet, le refus d'enregistrement pour cause d'indignité est un événement d'une extrême rareté [1]. Cela prouve, sans doute, que les personnes d'une moralité douteuse hésitent, depuis la loi de 1893, à demander l'accession à la nationalité française et redoutent cet examen de moralité créé par notre législation. Mais cela prouve aussi que ces mêmes personnes préfèrent se glisser dans notre nationalité par la porte bâtarde, et cela explique pourquoi tant d'expulsés et d'indignes notoires, habitant l'étranger, se *font inscrire* sur nos listes de recensement en vue d'acquérir la qualité de Français conformément à l'alinéa final de l'article 9. Il est possible de fixer approximativement le nombre de ces intrus. En effet, en 1893, l'administration évaluait à dix ou douze, bon an mal an, le nombre de déclarations émanant d'indignes, qu'elle désirait pouvoir refuser [2]. Or, bon an mal an, on ne refuse guère que trois ou quatre déclarations pour cause d'indignité. Admettons que quelques indignes soient trop âgés pour user de la demande

---

(1) Le tableau ci-dessous est tiré des renseignements fournis par le rapport officiel sur l'application des lois françaises relatives à la nationalité (cette *Revue*, 1911, p. 920).

Années.	Nombre de déclarations enregistrées.	Nombre de personnes concernées.	Enregistrements refusés pour cause d'indignité.
1903................................	2.206	»	4
1904................................	2.274	»	4
1905................................	2.199	3.900	2
1906................................	2.651	4.297	1
1907................................	2.831	4.633	1
1908................................	3.611	5.725	5
1909................................	3.662	6.017	6
1910................................	3.952	7.109	4

(2) Falcimaigne, commissaire du gouvernement, *Journ. off.*, Chambre. Séance du 6 mai 1893, *Déb. parl.* de la Chambre, p. 1351, col. 3.

d'inscription sur les listes du recensement. Resteraient environ cinq ou six indignes qui, chaque année, deviendraient Français grâce à l'alinéa final de l'article 9. En d'autres termes, la loi du 22 juillet 1893 ne fermerait les portes de la nationalité française qu'à la moitié, environ, des indignes qu'on aurait voulu en écarter radicalement. Telle est bien, d'ailleurs, l'impression qui se dégage en voyant le nombre des décisions de jurisprudence publiées en cette matière ; d'autant plus qu'à ces décisions il faudrait, pour établir une statistique, joindre celles qui n'ont pas été publiées ; et il conviendrait encore de tenir compte des cas où les préfets ont négligé d'intervenir. De toute façon, il est aisé de constater que l'alinéa final de l'article 9 constitue une sorte de fissure, par où les indignes se glissent beaucoup trop aisément dans la nationalité française.

Telle est, du moins, la conséquence de l'alinéa final de l'article 9, interprété comme il l'est actuellement. L'interprétation que nous allons proposer rendrait cette conséquence impossible, et mettrait fin à toutes controverses.

· En effet, d'après l'interprétation que nous suggérons, l'alinéa final de l'article 9 aurait pour seul effet de donner au fils d'étrangers, né en France, et habitant hors de France au moment de sa majorité, le droit de remplacer les formalités de la soumission et de la déclaration par le fait de participer, en cas d'erreur commise par l'administration, aux opérations du recrutement. Mais une fois que cet étranger aurait comparu devant le conseil de revision sans exciper de son extranéité, la déclaration tacite qu'il aurait ainsi effectuée ferait l'objet, comme toute autre déclaration, d'un examen par le ministre de la Justice. Et notamment, cet étranger ne deviendrait Français qu'après avoir été reconnu digne d'une telle faveur. En d'autres termes, il serait rigoureusement exact de dire que, de la part de cet étranger, l'acceptation du service militaire équivaut à la déclaration prescrite par l'article 9 alinéa 1ᵉʳ du Code civil. La Chambre civile de la Cour de cassation avait affirmé ce principe dans l'affaire *Lovera*. On a remarqué avec raison qu'elle avait très mal exprimé ce qu'elle voulait dire. Dans le système de la Chambre civile, l'acceptation du service militaire « vaut plus » que la déclaration de volonté, puisque cette dernière « subit le contrôle organisé par la loi du 22 juillet 1893 et peut être annulée, tandis que l'acceptation du service militaire n'y est pas soumise, et que l'acquisition de la nationalité française par cette voie demeure définitive, quelque indigne qu'en soit le bénéficiaire » [1]. L'interprétation nouvelle consisterait à dire que l'acceptation du service militaire *équivaut* rigoureusement à la déclaration de volonté.

Sans doute, on pourrait encore discuter sur le point de savoir si l'arrêté d'expulsion tombe chaque fois qu'il s'agit, pour un expulsé, d'agir en conformité des articles 8-4°, 9, 10 ou 12 du Code civil. Mais, en ce qui concerne spécialement l'application de l'article 9, alinéa final, il est certain que les difficultés disparaîtraient. Car on ne verrait plus tant d'étrangers chercher par mille moyens ingénieux à profiter de cet alinéa, dès l'instant où ils se sauraient soumis quand même à un examen de moralité. Et la question de savoir si l'on peut provoquer soi-même son inscription sur les listes du recensement, en vue de profiter de l'article 9, alinéa final, deviendrait une question purement théorique. Elle ne passionnerait plus personne, du moment où les expulsés ne pourraient plus devenir Français, grâce à l'article 9, alinéa final, sans avoir été jugés dignes de cette faveur. On peut même affirmer, qu'en fait, la question ne se poserait plus devant les tribunaux.

Tel est l'intérêt pratique de l'interprétation nouvelle, que nous croyons possible d'étayer sur de sérieux arguments. Ces arguments résultent, nous l'avons dit, d'une étude historique, qu'il nous faut maintenant entreprendre.

Cette étude portera sur quatre périodes : la première s'ouvre avec le Code civil; la seconde commence à la loi du 22 mars 1849; la troisième débute avec la loi du 26 juin 1889; la quatrième et dernière a été inaugurée par la loi du 27 juillet 1893.

L'histoire de l'article 9, alinéa final, a déjà été tentée; mais d'une façon, à notre sens, trop sommaire [2]. Seule une analyse minutieuse des travaux préparatoires permet de dégager les principes, qui semblent avoir inspiré le législateur. Nous devons, d'ailleurs, reconnaître, au seuil de cette étude que les vues du législateur n'ont pas été toujours très claires. Et c'est pourquoi nous parlons d'une interprétation *possible*. Aussi notre étude ne vise-t-elle pas à renverser une interprétation admise en la qualifiant *d'erronée*, mais seulement à montrer qu'il existe une autre

(1) Lainé, *Dissertation*, précitée sous l'arrêt *Lovera*, p. 444, col. 1.
(2) Barrault, *loc. cit.*

interprétation, qui est au moins *aussi admissible*, et qui en raison de ses avantages pratiques, est *préférable*. En pareille matière, on tenterait vainement d'établir une vérité incontestable.

I. — Le Code civil (art. 9 primitif).

Aux termes de l'article 9 du Code de 1804 : « Tout individu né en France d'un étranger pourra, dans l'année qui suivra l'époque de sa majorité, réclamer la qualité de Français; pourvu que, dans le cas où ils résiderait en France, il déclare que son intention est d'y fixer son domicile, et que, dans le cas où il résiderait en pays étranger, il fasse sa soumission de fixer en France son domicile, et qu'il l'y établisse dans l'année, à compter de l'acte de soumission ». Ainsi, le Code civil permettait aux étrangers nés en France de parents étrangers, de devenir Français en remplissant quelques formalités très simples. Le gouvernement n'avait pas à examiner s'ils étaient dignes ou indignes d'accéder à la nationalité française, et il ne pouvait pas refuser effet aux déclarations effectuées par eux, en vue de l'acquisition de la qualité de Français. — Mais ces étrangers ne pouvaient pas « réclamer la qualité de Français », passé l'année qui suivait leur majorité. Or, il arriva que des étrangers firent, par erreur, leur service militaire en France, et qu'ils se crurent devenus Français, jusqu'au jour où cette qualité leur fut contestée. Ils saisirent les tribunaux, qui, en majorité, repoussèrent leur prétention : ni le fait, pour un étranger né en France, de contracter un engagement volontaire dans l'armée française, ni celui de satisfaire au recrutement, ni celui de prendre du service dans la marine militaire comme matelot classé, ni enfin celui de se faire inscrire sur les contrôles de la garde nationale ne pouvaient remplacer la soumission et la déclaration exigées par l'article 9 [1]. On ne signale qu'un seul jugement, qui contredise cette jurisprudence très nette [2]. La question était posée, et,

(1) Cr. 1ᵉʳ septembre 1842, *Journ. des audiences*, 4, vᵒ *Droits civils*, 2; Grenoble, 19 novembre 1845, *Duc-Martin*, D. P. 46. 4. 220; Civ. 8 juillet 1846, *Paravicini*, D. P. 46. 1. 263.

(2) Trib. civ. Saint-Omer, 20 juillet 1843, *Renom Lebailly d'Inghens, Le Droit*, 29 juillet 1843. — « Considérant, disait ce jugement, qu'en faisant même application en la cause de l'article 9 du Code civil, la déclaration qu'il prescrit, et dont les formes n'ont été nulle part sacramentellement indiquées, résulterait évi-

dès le lendemain de la Révolution de 1848, le législateur crut devoir lui donner une solution.

II. — La loi du 22 mars 1849.

Le 15 mars 1849, Huot, représentant du Jura, déposait au nom du comité de législation civile et criminelle, un rapport, qui concluait à ce que fût adopté d'urgence le texte suivant :

« L'individu né en France d'un étranger sera admis, même après l'année qui suivra l'époque de sa majorité, à faire la déclaration prescrite par l'article 9 du Code civil, s'il se trouve dans l'une des deux conditions suivantes :

» 1° S'il sert ou a servi dans les armées françaises de terre ou de mer;

» 2° S'il a satisfait à la loi sur le recrutement sans exciper de son extranéité » [1].

Huit jours après, le 22 mars 1849, cette proposition était adoptée sans modification.

Déterminons d'abord les traits caractéristiques de ce texte. Nous examinerons ensuite l'application qu'en a faite la jurisprudence.

I. **Caractères de la loi du 22 mars 1849.** — Les caractères de cette loi se ramènent aux deux suivants :

1° Elle pose un principe nouveau, l'*égalité de traitement* entre : — d'une part, l'étranger né en France de parents étrangers, qui fait une déclaration en vue de devenir Français, — et, d'autre part, celui qui, se trouvant dans les mêmes conditions au point de vue de la naissance, a laissé passer l'âge de la déclaration, et a néanmoins servi dans l'armée française, ou satisfait à la loi française sur le recrutement sans exciper de son extranéité;

2° C'est une loi d'*intérêt électoral*.

demment ici, sinon du service militaire et du tirage au sort, auxquels le sieur Lebailly s'était volontairement soumis avant sa majorité, de la présentation du moins par lui faite postérieurement devant le conseil de revision d'un remplaçant qu'on y a admis, de sa demande d'inscription sur les listes électorales, de l'acceptation successive des fonctions de maire, d'officier de la garde nationale, des serments ainsi prêtés en ces diverses qualités, et de plus encore du domicile effectif qu'il a toujours conservé en France.... Par ces motifs : Le tribunal dit que le sieur Renom Lebailly d'Inghens est Français ».

(1) *Moniteur*, mercredi 7 mars, p. 744-745. — Le rapport est inséré au *Moniteur* du dimanche 18 mars, 4ᵉ suppl. du n° 77, p. 919, col. 1 et 2.

1. L'*égalité de traitement*. — La jurisprudence avait, comme nous l'avons dit, révélé une inégalité tout à fait choquante entre l'étranger qui, dans l'année qui suit sa majorité, peut, grâce à des formalités très simples, devenir Français, et celui qui, sans avoir accompli ces formalités dans le délai, a pourtant rempli son devoir de Français, en satisfaisant aux lois françaises sur le recrutement, et a donné ainsi la preuve qu'il était Français de cœur.

La loi du 22 mars 1849, complétant l'article 9 du Code civil, établit entre ces deux catégories d'étrangers l'*égalité de traitement*. Ceux de la seconde catégorie deviennent dorénavant Français, bien que tardivement, en remplissant les mêmes formalités, qu'ils auraient dû remplir s'ils avaient réclamé la qualité de Français dans l'année qui a suivi leur majorité. La seule différence est qu'ils n'ont pas besoin de faire une soumission de fixer leur domicile en France, puisqu'il s'agit d'individus qui résident en France.

Pourquoi l'inégalité établie par le Code civil entre ces personnes et celles auxquelles l'article 9 permettait de réclamer la qualité de Français était-elle choquante? Parce que les premières, en remplissant les obligations militaires imposées aux Français, avaient prouvé plus nettement encore que ne l'avaient fait les secondes, en effectuant une déclaration en temps voulu, qu'elles étaient attachées à la nationalité française et dignes d'y être reçues [1]. Le fait d'avoir satisfait à la loi française sur le recrutement de l'armée impliquait, d'ailleurs, une erreur de la part de ces dernières. Elles se sont cru françaises, et c'est pourquoi, vraisemblablement, elles ont, d'une part, négligé de faire, en temps opportun, la déclaration nécessaire, et, d'autre part, effectué sans protester les actes prescrits par la loi sur le recrutement [2]. Ainsi se trouve justifié le principe de l'*égalité de traitement* entre ces deux catégories de personnes.

2. *L'intérêt électoral*. — La loi du 22 mars 1849 fut, nous l'avons dit, votée d'urgence. Et pourtant, l'attention des parle-

---

(1) Les individus qui « sans y être obligés et sans exciper de leur extranéité... ont satisfait à la loi du recrutement, défendu le drapeau national, peut-être versé leur sang en combattant les ennemis de la France », « ont prouvé bien mieux encore que les individus de la première catégorie leur attachement pour notre pays ». « Quelle garantie plus forte de leurs sentiments patriotiques pourrait-on leur demander ? » (*Rapport précité* de Huot).

(1) Même *Rapport*.

mentaires était loin d'être concentrée sur cette unique affaire. Elle s'attachait bien plutôt au procès sensationnel, qui se déroulait devant la Haute-Cour, et qui devait sanctionner les événements du 15 mai. Elle s'attachait encore à la loi sur les élections, à celle sur les clubs, au budget, qui venait d'être mis à l'ordre du jour, etc.

Aussi Huot eut-il quelque peine à se faire écouter, quand il voulut justifier la proposition de la commission. Les conversations privées dominaient sa voix.

Mais brusquement le silence se fait, et l'Assemblée devient attentive. Huot vient de dire que la modification proposée à l'article 9 permettra de conférer à de nombreux individus le droit d'être électeurs, surtout dans les départements frontières; ces individus seront certainement reconnaissants envers le gouvernement qui leur aura conféré la qualité de Français [1]. Or, les élections sont prochaines et préoccupent les esprits.

Du coup, l'Assemblée est favorable à la proposition. Huot le sent. Il glisse rapidement sur les autres motifs énumérés dans son rapport. L'urgence est votée sans discussion. La proposition elle-même est adoptée sans débat.

La loi du 22 mars 1849 fut donc, aux yeux de l'Assemblée, une loi d'intérêt essentiellement électoral.

Ce fait qui, croyons-nous, n'avait pas encore été signalé, a une certaine importance pour notre étude.

Il y avait lieu jusqu'à ce jour de s'étonner de ce que la disposition en faveur des étrangers ayant servi sous les drapeaux de la France ait été étendue même à ceux qui ont été *favorisés par le sort* ou régulièrement *exemptés* « du service militaire pour cause autre que l'extranéité » (comme le disait le rapport de Huot). L'on ne peut pourtant pas dire de ces individus qu'ils ont « défendu le drapeau national », ni « versé leur sang en combattant les ennemis de la France ». L'on ne peut pas, en pensant à eux, s'écrier avec Huot : « Quelle garantie plus forte de leurs sentiments patriotiques pourrait-on leur demander » ? [2]

---

(1) Déjà, dans son *Rapport*, Huot avait déclaré qu'il était urgent de voter la proposition « afin que ceux auxquels profitera le décret à intervenir puissent concourir aux élections prochaines de l'Assemblée législative. Tout retard, ajoutait-il, rendrait évidemment impossible l'accomplissement des formalités que ces individus auraient à remplir pour être admis à voter » (*Rapport précité*).

(2) V. *supra*, p. 677, note 1.

Il est vrai que ces individus ont pu, de bonne foi, se croire Français. Mais, comme ils n'ont pas manifesté cette croyance par un acte impliquant certains sacrifices, — le service militaire, — on ne saurait tirer argument de leur seule erreur pour les déclarer Français.

Nous apercevons maintenant pour quelle raison on a assimilé ces individus, quant à la nationalité, à ceux qui avaient effectivement servi dans l'armée française. C'est pour une raison d'ordre électoral et tout à fait passagère.

On voulait multiplier le nombre des électeurs favorables à la nouvelle forme du gouvernement. Pour y parvenir, on ouvrait très grande aux étrangers la voie de l'acquisition de la qualité de Français.

Ce qui est curieux, c'est que jamais, depuis cette époque, l'on n'a distingué entre les étrangers qui auraient effectivement accompli leur service militaire en France, et ceux qui en auraient été exemptés. La disposition de 1849 est devenue traditionnelle. Nous allons la retrouver au cours de notre étude, avec quelques modifications de rédaction, il est vrai, mais sans que jamais la distinction dont nous parlons y ait été introduite.

Le motif qui empêchait de faire cette distinction en 1849, — l'intérêt électoral, — a disparu. La disposition est restée.

II. Jurisprudence. — La jurisprudence, à laquelle a donné lieu la loi du 22 mars 1849, ne présente pas grand intérêt dans le cas ordinaire, c'est-à-dire quand elle concerne des personnes qui n'ont pas été expulsées de France. Elle en présente davantage dans le cas contraire.

1. *Cas ordinaire.* — D'après la jurisprudence, deviennent Français par l'effet de leur déclaration, en vertu de la loi du 22 mars 1849 : ... l'individu né en France d'étrangers qui a déclaré, après avoir satisfait à la loi du recrutement, sa volonté de devenir Français conformément à l'article 9 du Code civil et à la loi du 22 mars 1849 [1]; ... l'étranger né en France et qui a servi pendant la guerre de 1870-1871 dans la garde nationale mobilisée, même sans avoir pris part à aucune bataille, ou à la défense d'aucune place [2] ;... celui qui justifie d'un engagement

---

(1) Civ., 28 avril 1851, *Garcizo et sieurs Bérard*, D. P. 51. 1. 174.

(2) Civ., 4 mai 1881, *Barbet*, D. P. 81. 1. 486, S. 82. 1. 178, P. 82. 1. 409, *Rev. crit.*, 1883, p. 453, avec une note de M. Labbé.

comme novice et de l'accomplissement du service dans la marine française [1].

En sens inverse, ne devient pas Français l'individu né en France de parents étrangers qui « n'allègue pas avoir fait, dans l'année qui a suivi sa majorité, la déclaration prescrite par l'article 9 du Code civil », et qui n'allègue pas davantage l'avoir faite depuis, en se prévalant, pour devenir Français, du double engagement contracté par lui dans l'armée française, les 25 novembre 1871 et 23 mai 1873 » [2].

2. *Expulsés satisfaisant à la loi sur le recrutement*. — La jurisprudence considérait alors qu'un étranger expulsé contrevenait à l'arrêté d'expulsion en réclamant la qualité de Français conformément à l'article 9, dans l'année qui suit sa majorité. Il était donc punissable de ce chef. — Mais la déclaration qu'il avait faite n'était pas nulle pour cela. Donc l'intéressé devenait Français, bien que condamné pour contravention à un arrêté d'expulsion. La qualité de Français faisait tomber sa qualité antérieure d'étranger, mais n'effaçait pas la condamnation prononcée contre lui [3].

Cette jurisprudence, qui nous paraît aujourd'hui bizarre, n'était peut-être pas tellement illogique qu'il semble au premier abord. Elle avait l'avantage, en tout cas, de décourager les étrangers expulsés de France, qui désiraient devenir Français soit en réclamant cette qualité dans l'année postérieure à celle de leur majorité, soit encore en venant satisfaire aux lois françaises sur le recrutement de l'armée, ou enfin en invoquant le service

---

(1) Req. 29 décembre 1885, *Bogliano*, S. 86. 1. 106, P. 86. 1. 241, D. P. 86. 1. 369. Ainsi jugé, quoique la durée des services, conforme aux lois et règlements de la flotte, ait été inférieure à la durée imposée par la loi sur le recrutement, et quoique l'individu en cause, libéré avant le tirage de la classe à laquelle il aurait appartenu s'il avait été Français, ne se soit pas fait inscrire sur le tableau du recrutement.

(2) Trib. civ. Evreux, 17 août 1881, *Cuirana*, J. d. dr. int. pr., 1882, p. 194. — On peut rapprocher de ce jugement un arrêt qui, dans une espèce analogue, refuse aussi à l'intéressé la qualité de Français, mais qui, au lieu de s'appuyer sur l'absence de déclaration, argumente du fait que cet individu, ayant obtenu un bon numéro, avait pu ne pas comparaître devant le conseil de revision. Lyon, 20 mars 1877, *Vuataz*, S. 79. 2. 7. Ainsi présentée, cette solution était fort contestable.

(3) Paris, 6 février 1884, *Frischknecht*, D. P. 85. 2. 44; Alger, 2 décembre 1886, *Pariente*, D. P. 94. 3. 362 a.

militaire qu'ils avaient antérieurement effectué en France. La perspective d'avoir à encourir une condamnation pour infraction à un arrêté d'expulsion, avant de pouvoir devenir Français, les engageait à rester hors de France.

A cet égard, encore, il y avait, grâce à cette jurisprudence, *parité de traitement* entre les diverses catégories de candidats à la nationalité française.

Ainsi, à la veille de la proposition de M. Batbie, qui devait aboutir à la loi du 26 juin 1889, le système introduit dans le Code civil, par la loi d'intérêt électoral, votée le 22 mars 1849, permettait d'établir une égalité de traitement complète entre, d'une part, les individus nés en France d'étrangers, qui réclamaient la qualité de Français dans l'année qui suivait l'époque de leur majorité, et, d'autre part, ceux qui, *par erreur*, avaient satisfait à la loi militaire française sans exciper de leur extranéité, et cela, quand bien même ils auraient été, par le jeu normal de cette loi, exemptés de tout service actif.

L'égalité de traitement entre ces deux catégories était, disonsnous, complète. En effet, non seulement ceux de la deuxième catégorie, étaient, comme ceux de la première, astreints à faire une déclaration, pour devenir Français; mais encore le fait d'avoir été expulsés de France n'empêchait ni les uns ni les autres de devenir Français, par l'effet de cette déclaration, bien qu'ils fussent passibles d'une condamnation pour avoir enfreint l'arrêté d'expulsion.

III. — La loi du 26 juin 1889.

C'est une tâche délicate que de caratériser la réforme opérée, en ce qui concerne l'objet de notre étude, par la loi du 26 juin 1889. En effet, quand on lit les travaux préparatoires, on se convainc de ce fait que le Parlement avait une opinion diamétralement opposée à celle qu'il a manifestée par son vote.

A cet égard, l'examen des travaux préparatoires de la loi du 26 juin 1889 permet de distinguer deux périodes. Dans la première, le Parlement adopte des textes, qui expriment vraiment son opinion. Dans la seconde, il vote autrement qu'il ne pense. La période de sincérité s'étend jusqu'à la fin de la première délibération devant le Sénat. Celle où l'on change, en apparence, d'opinion commence avec la deuxième délibération du Sénat, se prolonge durant les débats devant la Chambre des députés, et dure jusqu'à l'adoption du projet. Qu'y avait-il eu entre les deux périodes, pour expliquer cette variation ? Une violente campagne de presse, qui avait été provoquée par un mouvement d'opinion, ou qui, plus vraisemblablement, avait provoqué un certain mouvement contre les dispositions adoptées d'abord par le Sénat.

I. **Première période. — Mesures pour écarter les indignes.** — Durant la première période des travaux préparatoires, on semblait d'accord pour écarter, par des mesures appropriées, les étrangers, qui, désireux de devenir Français, étaient pourtant indignes de recevoir cette qualité.

Le projet rédigé par le Conseil d'État, et adopté par le Sénat en première lecture, avait supprimé l'acquisition de la qualité de Français par le bienfait de la loi.

L'individu né en France de parents étrangers, et qui résidait hors de France ne pouvait plus devenir Français, en faisant, dans l'année qui suivait sa majorité, soumission de fixer en France son domicile, puis en effectuant une simple déclaration. Pour devenir Français, il lui fallait demander et obtenir la naturalisation.

Quant à l'individu né en France de parents étrangers et qui résidait en France, il pouvait obtenir la « naturalisation de faveur », accordée par décret du Président de la République, le Conseil d'État entendu. Cette naturalisation de faveur pouvait être accordée à des mineurs, de manière à leur permettre de s'engager dans les armées de terre et de mer, de contracter l'engagement conditionnel et d'entrer dans les écoles du Gouvernement. Mais il fallait, pour pouvoir y prétendre, avoir eu, en France, une résidence habituelle de trois ans, pendant les cinq années antérieures à la demande et cette demande elle-même devait intervenir entre dix-huit et vingt-deux ans. Enfin, le gouvernement restait toujours juge aussi bien du fait de la résidence que de l'opportunité d'accorder cette naturalisation.

Grâce à ce système, on pouvait refuser la qualité de Français à tous les individus nés en France d'étrangers, qui ne semblaient pas dignes d'être naturalisés [1].

(1) Camille Sée, *Rapport au nom de la section de législation du Conseil d'Etat.* Impressions du Sénat, annexe n° 65-2°, au procès-verbal de la séance du 6 mars 1884, p. 196 et s. — Batbie, *Rapport supplémentaire au nom de la*

On prévoyait aussi le cas, qui avait précédemment fait l'objet de la loi du 22 mars 1849 et qui nous intéresse spécialement dans la présente étude : celui de l'individu né en France d'étrangers et admis par erreur à servir dans l'armée française. Comme en 1849, on appliquait à cet individu le principe de l'*égalité de traitement*, nous voulons dire qu'on le traitait identiquement de la même manière que l'individu né en France de parents étrangers et ayant, en temps utile et dans les conditions édictées par la loi, réclamé la qualité de Français. Ce dernier pourrait,

Commission du Sénat, Impressions du Sénat, session extraordinaire, annexe n° 19, au procès-verbal de la séance du 4 novembre 1886, où il est dit que l'acquisition de la qualité de Français par le bienfait de la loi doit faire place à la naturalisation par décret « pour *écarter tous les sujets qui seraient indignes* d'obtenir la naturalisation » (p. 373, 2ᵉ col.). — Batbie, *Journ. off.* Déb. parl., Sénat, séance du 13 novembre 1886, p. 1180, 1ʳᵉ col. : Il ne faut pas conserver le système du Code, qui permet à un étranger né en France de devenir Français, au moyen d'une simple déclaration de volonté. Cela entraîne de graves inconvénients. « On a même cité le cas d'un étranger mineur, né en France, qui avait été l'objet d'une mesure d'expulsion, et qui, arrivé à sa majorité, avait réclamé la qualité de Français et était rentré en France en vertu de la loi, après avoir été expulsé par une mesure de sûreté publique. — Il y a là, Messieurs, un excès qui avait été signalé par la pratique, qui nous a été rappelé par le Gouvernement pendant nos travaux et qui avait également dicté les solutions du Conseil d'Etat ». — *Ibid.*, p. 1180, 3ᵉ col. : « Ainsi, pour résumer le caractère général de la proposition, nous n'avons pas voulu restreindre, ni rendre plus difficile l'acquisition de la qualité de Français; au contraire, nous avons voulu la faciliter ; mais nous avons pensé *qu'il ne fallait pas qu'on acquît la qualité de Français malgré nous, malgré le pays.* Si nous devons ouvrir la porte généreusement et libéralement, *il ne faut pas qu'on puisse forcer cette porte malgré la volonté de la France, surtout quand cela pourrait profiter à des sujets qui ne seraient pas dignes de porter le nom de Français* » (Très bien ! et vive approbation sur un grand nombre de bancs). — Camille Sée, commissaire du Gouvernement, *Journ. off.*, Déb. parl. Sénat, séance du 15 novembre 1886, p. 1196 : « Est-il admissible que le Gouvernement soit désarmé; qu'il ne puisse empêcher de devenir Français un individu dont l'honneur peut être entaché, qui peut être pour nous une cause de difficultés, et — le Sénat me comprendra à demi-mot, — dont les sentiments pour la France peuvent être douteux ». — Batbie, *Journ. off.*, Déb. parl., Sénat, même séance, p. 1197 : « Au point de vue de l'Etat français, de l'intérêt général, le Code civil, dans sa rédaction de l'article 9, n'offre aucune garantie. Il est incontestable que l'individu né en France peut devenir Français par une simple réclamation faite dans l'année qui suit sa majorité et que l'intérêt général n'est protégé par aucune précaution. — Je n'ai pas besoin d'insister sur cette introduction forcée dans la famille française, introduction de droit, en vertu de la loi, d'un étranger qui, si le Gouvernement avait le droit d'examiner son dossier, serait certainement rejeté ».

s'il n'en était pas indigne, recevoir la « naturalisation de faveur ». L'application de l'*égalité de traitement* à ces deux catégories d'individus conduisait donc à conférer aussi la « naturalisation de faveur » aux individus qui sont l'objet de notre travail [1]. Il n'était plus question ici d'intérêt électoral, comme en 1849, mais exclusivement de l'*égalité de traitement*.

On donnait trois raisons, pour motiver cette égalité de traitement :

1° *Il est juste que cet étranger bénéficie de l'erreur commise par l'administration,* et qu'il soit affranchi, par conséquent, des conditions requises pour la naturalisation ordinaire [2].

2° *Il n'y a pas lieu de craindre que cet étranger ait retardé intentionnellement* de quelques années sa demande de naturalisation, *en vue d'échapper au service militaire.* Il est donc juste de l'admettre à la « naturalisation de faveur » même s'il a dépassé l'âge de vingt-deux ans [3].

3° Il n'y a pas lieu non plus de maintenir en faveur de cet étranger le régime de 1849 ; en d'autres termes, il est nécessaire que le gouvernement puisse exercer un contrôle ; cet individu a beau avoir rempli ses devoirs militaires, *il peut être un indigne* et il faut pouvoir lui fermer la porte de la nationalité française ;

---

(1) Les textes relatifs à ces individus ne sont pas les mêmes dans les projets du Conseil d'Etat et de la Commission ; mais ces textes sont équivalents, et ne diffèrent que par des détails de rédaction. — Le projet du Conseil d'Etat disait : « Sont dispensés de la condition d'âge ou de résidence, les mêmes individus : 1° s'ils servent ou s'ils ont servi dans les armées de terre ou de mer ; 2° s'ils satisfait à la loi du recrutement, sans exciper de leur extranéité » (*Rapport précité*, p. 226). — Le projet de la Commission s'exprimait ainsi : « Le bénéfice de cette disposition pourra être accordé à l'étranger, quel que soit son âge, s'il a servi dans les armées de terre ou de mer, et à celui qui aurait satisfait à la loi du recrutement sans exciper de son extranéité » (Annexe n° 19, précitée, p. 374).

(2) Camille Sée, *Rapport précité*, p. 199.

(3) Batbie, *Rapport supplémentaire*, précité, p. 374, 4e col. : « Mais, si l'étranger avait prouvé qu'il n'était pas homme à faire des calculs de cette nature ; si, par exemple, il avait servi dans nos armées de terre et de mer, ou si, ayant par erreur été porté sur le tableau de recensement par le recrutement militaire, il avait satisfait à la loi du recrutement sans exciper de son extranéité, la précaution serait inutile. Aussi la Commission, d'accord avec le Conseil d'Etat, est d'avis de maintenir les dispositions de la loi du 22 mars 1849, qui, dans ces cas, permettent à l'étranger de réclamer à tout âge le bénéfice de l'article 9 du Code civil ».

c'est à quoi l'on arrive en l'admettant à la « naturalisation de faveur » (1).

Ce système, fondé sur des considérations d'ordre essentiellement pratique, était approuvé par le Conseil d'Etat, par le commissaire du Gouvernement, par la Commission du Sénat, et par le Sénat lui-même, qui le vota en première lecture. C'était, à peu de chose près, le système antérieur, avec cette différence, pourtant très considérable, que le gouvernement pouvait refuser aux indignes, l'accession à la nationalité française.

II. **Deuxième période.** — **Suppression des mesures destinées à écarter les indignes.** — 1. *Deuxième délibération du Sénat.* — Nous n'avons pas à retracer ici la campagne de presse qui se produisit entre les deux délibérations du Sénat, c'est-à-dire durant

(1) Batbie, *Journ. off.*, Déb. parl., Sénat, séance du 15 novembre 1886, p. 1203 : « Je ferai observer à l'honorable M. de Gavardie que la loi telle que nous la proposons ne dit pas que l'étranger, s'il a servi dans les armées françaises ou s'il n'a pas excipé de son extranéité, est Français de droit. — Nous disons seulement qu'il peut demander la naturalisation de faveur à tout âge. Voilà le droit que lui confère le fait d'avoir servi dans les armées de terre et de mer, de n'avoir pas excipé de l'extranéité. — Je le répète, il ne devient pas Français de droit; mais il peut, à tout âge, obtenir la naturalisation de faveur, tandis que, s'il n'avait pas servi dans les armées de terre et de mer, il serait obligé de la demander avant d'avoir atteint l'âge de vingt-deux ans ». (*Approbation*)... « M. de Gavardie me permettra de faire la comparaison entre le système du Code civil, tel qu'il est en vigueur aujourd'hui sur le point spécial dont il s'agit, et celui qui est proposé par la Commission. — Aujourd'hui, lorsqu'un étranger est né en France, s'il a servi dans les armées françaises, ou s'il n'a pas excipé de son extranéité lorsqu'il a été compris par erreur sur les listes de recrutement, cet étranger a le droit à tout âge, — non pas seulement dans l'année de sa majorité, mais à tout âge, notez-le bien, — par cela seul qu'il est né sur le sol français, de demander la qualité de Français, et, à tout âge, on est obligé de la lui reconnaître. — Il n'est pas obligé de demander la naturalisation : il l'a de plein droit... De plus, la grande naturalisation n'étant pas aujourd'hui distincte de la petite naturalisation, cet étranger est, comme les autres citoyens, électeur et éligible, à la condition de remplir les conditions d'âge requises par la loi. — Il en résulte que cet étranger, par ce seul fait qu'il est né en France, peut à tout âge, se réclamer de sa qualité de Français et même siéger dans les Assemblées législatives... La Commission, elle, vous propose ceci. — Il faudra, d'abord, que l'étranger soit né en France. — Il faudra en second lieu qu'il n'ait pas excipé de son extranéité lorsqu'il aura été appelé à faire son service militaire, et qu'en agissant ainsi, il ait donné une preuve d'attachement au pays, puisqu'il s'est déclaré prêt à le servir. — Enfin, et en dernier lieu, il faudra qu'un décret lui confère la naturalisation de faveur. Par conséquent, je crois que notre disposition offre plus de garanties que la législation actuellement en vigueur ». (*Très bien ! Très bien !*)

une courte période de trois mois. On reprochait au texte élaboré
par le Sénat de refuser la nationalité française à des étrangers,
qui pouvaient, sous l'empire du Code civil, acquérir cette qualité sans difficulté. Lorsque la question revint, le 3 février 1887,
le Sénat, influencé, se montra résolument hostile au texte qu'il
avait d'abord adopté.

De la deuxième délibération sortit ainsi un système qui
ressemblait beaucoup à celui du Code civil : jusqu'à vingt-deux
ans, l'étranger né en France pourra déclarer qu'il veut être
Français, sans avoir à demander l'autorisation par décret, ni, par
conséquent, à s'exposer à un refus pour cause d'indignité.

Le Gouvernement, par l'organe du Garde des Sceaux, qui
était alors M. Sarrien, avait laissé le Sénat entièrement libre de
choisir entre le projet qui avait été précédemment adopté,
et ce nouveau système; il avait seulement demandé que, si ce
dernier était adopté, « on ajoutât à la loi une disposition indi-
quant qu'un règlement d'administration publique détermine-
rait les formalités à remplir pour l'option faite par l'étranger en
France » [1]. Le Sénat accéda, d'ailleurs, à ce désir, mais seulement après avoir sollicité et obtenu du Garde des Sceaux la
déclaration formelle qu'il ne s'agissait pas d'établir « par voie de
règlement des conditions de stage ou autres justifications analogues à celles exigées pour la naturalisation » [2]. On rétablissait
donc l'acquisition de la qualité de Français par le bienfait de
la loi, et ce bienfait s'étendait même aux indignes.

On ne pouvait, dans ces conditions, se montrer plus rigou-
reux pour l'individu ayant satisfait aux obligations militaires,
imposées par la loi française, que pour celui qui se proposait
d'y satisfaire. En première délibération, le Sénat avait appliqué
à ces deux catégories de personnes un traitement également rigou-
reux; en deuxième délibération, il leur applique un traitement
également favorable. C'est toujours la conséquence d'un principe
qui s'impose : l'*égalité de traitement* entre ces deux catégories.

De là le texte nouveau : « Tout individu né en France de
parents étrangers devient Français si, ayant été porté sur le
tableau de recensement, il prend part aux opérations du recrutement sans opposer son extranéité ».

(1) *Journ. off.*, Déb. parl., Sénat, séance du 3 février 1887, p. 87.
(2) *Ibid.*

Ce texte différait de la loi de 1849 sur deux points.

D'abord il ne s'occupait plus de ceux qui « avaient servi » dans l'armée française. — Mais, à cet égard, la modification était plus apparente que réelle. La loi de 1849 conférait, comme nous l'avons dit, la qualité de Français à des individus considérés antérieurement comme étrangers bien qu'ayant satisfait aux lois militaires de la France. Elle avait un effet rétroactif, et elle le disait. De 1849 à 1887, tous ceux qui avaient pu bénéficier de cet effet rétroactif l'avaient fait. Il suffisait donc de déclarer que, pour l'avenir, on deviendrait Français en profitant de l'erreur commise sur les listes du recensement.

En second lieu, l'individu devenait ainsi Français sans avoir besoin de faire une nouvelle déclaration. A quoi bon, puisque sa déclaration aurait été une formalité pure, et que le gouvernement n'avait aucun moyen d'empêcher ces individus de devenir Français, lorsqu'ils étaient pourtant indignes d'une telle faveur? Ainsi, le fait d'être porté par erreur sur le tableau de recensement et de participer aux opérations du recrutement sans opposer son extranéité équivalait à la déclaration prévue par l'article 9 du Code civil, et maintenue par le Sénat, en seconde délibération.

2. *Proposition de la Commission de la Chambre.* — A la Chambre des députés, la commission compétente se trouva sous l'empire de la même contrainte qui s'était exercée sur le Sénat, au temps de sa deuxième délibération. Aussi le rapport de la commission déclare-t-il que le système admis par le Sénat en première délibération aurait rendu « plus difficile l'acquisition de la qualité de Français ». Le Sénat méconnaissait ainsi, dit le rapport, « la nécessité d'assurer l'ordre social »; car, ajoutait-il, « loin de rendre plus difficile l'acquisition de la qualité de Français, nous pensons que le moment est venu de l'étendre encore, et que cela est indispensable pour remédier à une situation qui s'aggrave de jour en jour » [1].

En conséquence, on proposait, conformément au texte sorti des votes du Sénat, que les individus nés en France de parents étrangers pussent réclamer jusqu'à vingt-deux ans le droit d'être Français, au moyen d'une simple déclaration, et l'on ajoutait :

« Le Sénat et votre Commission pensent que le fait de prendre

(1) Antonin Dubost, *Journ. off.*, Annexes de la Chambre, sess, extraord., 1887, p. 234.

part aux opérations de recrutement sans opposer son extranéité, *équivaut à une déclaration* par laquelle on réclamerait la qualité de Français, et en conséquence vous demande de décider que tout individu placé dans cette situation devient Français » [1].

C'était la première fois, croyons-nous, que le fait de prendre part aux opérations du recrutement était expressément considéré comme équivalant à la déclaration prescrite par l'article 9. Mais il importe de souligner ici le raisonnement par lequel se justifie cette équivalence. Ce raisonnement est très simple, et peut être résumé ainsi : La déclaration par laquelle on réclame la qualité de Français (quand on est né en France de parents étrangers, et que l'on a moins de vingt-deux ans) confère cette qualité. Or, le fait de participer aux opérations du recrutement sans opposer son extranéité (quand on a été porté par erreur sur les listes du recensement) confère aussi cette qualité (*en vertu du principe de l'égalité de traitement*). Donc, le fait de participer aux opérations du recrutement, dans les conditions indiquées, équivaut à la déclaration, par laquelle on aurait, sans cela, dû réclamer la qualité de Français.

Nous ne saurions trop insister sur ce syllogisme. Le principe, qui le domine, c'est celui de l'égalité de traitement, c'est ce qu'exprime la mineure. En d'autres termes, si le fait de participer aux opérations du recrutement équivaut à la déclaration de l'article 9, c'est parce qu'il est reconnu juste, pour les raisons plusieurs fois indiquées, d'appliquer le même traitement aux individus qui participent au recrutement et à ceux qui font ladite déclaration.

3. *Délibération de la Chambre.* — La proposition de loi qui nous intéresse vint en discussion devant la Chambre, le 16 mars 1889. Plus de deux ans s'étaient écoulés depuis le vote du Sénat. La Chambre ne votait donc pas sous l'influence directe de la campagne de presse, qui avait ému le Sénat, et dont le souvenir avait été encore très présent au moment où la Commission de la Chambre avait été appelée à statuer. Mais, on sentait la campagne prête à renaître. La délibération s'engagea donc dans le calme; mais les députés avaient le dessein très net de ne pas soulever de nouvelles protestations.

De là une double tendance : — voter le texte présenté, sans y apporter des modifications susceptibles de provoquer une nou-

(1) *Ibid.*, p. 236.

velle campagne, — et pourtant, limiter, dans la mesure du possible, l'afflux des « indésirables ».

La première tendance s'est manifestée, notamment, par le vote de l'article 9 du Code civil, tel que l'avait proposé la Commission de la Chambre, c'est-à-dire, tel qu'il était sorti des délibérations du Sénat.

La seconde tendance s'est manifestée, à propos de l'article 6 de la proposition, et dans des conditions fort intéressantes ; car il résulte du vote de la Chambre à ce sujet, que cette seconde tendance était la seule sincère, et que la première lui avait été, à proprement parler, imposée [1]. En effet, par 321 voix contre

---

(1) Aux termes de cet article 6, « les naturalisations, admissions et réintégrations » dans la qualité de Français devraient avoir lieu « sans frais ». Voici le débat auquel ce texte a donné lieu : « M. Antonin Dubost, rapporteur. Tout dépend, Messieurs, du point de vue auquel on se place. Ceux qui veulent rendre encore plus restrictives les conditions de la naturalisation ont raison de vouloir supprimer la disposition que nous vous proposons. — M. Camescasse. Je demande la parole. — M. le rapporteur. Ceux, au contraire, qui, comme votre Commission, pensent qu'il y a un véritable intérêt social à rendre dans notre pays la naturalisation plus facile, ont raison de vous demander de rendre gratuite la procédure de la naturalisation... — M. Camescasse. Il est certain que M. le rapporteur a posé tout à l'heure un dilemme trop absolu en disant : Si l'on est partisan des naturalisations indéfinies, on doit maintenir l'article 6 ; si l'on veut rendre les naturalisations très difficiles, on doit le rejeter. Cette alternative n'est pas dans la vérité des faits. — Je suis aussi partisan que M. le rapporteur des facilités très grandes à donner à certaines naturalisations ; mais *il y a d'autres catégories d'étrangers qu'il faut admettre moins facilement, et après un examen plus attentif.* — Si nous consultons les statistiques, nous voyons que ceux qui réclament la naturalisation en plus grand nombre ne sont pas les étrangers qui sont nés en France ou dont les parents sont nés en France, et qui à vingt ans demandent à être Français, — ce qui est absolument digne d'encouragement, — ce sont surtout des étrangers de trente-cinq, de quarante ans, qui essayent d'entrer dans la grande famille française. Ils y entrent dans des proportions qui méritent toute l'attention du Parlement ; le nombre des naturalisés appartenant à cette catégorie augmente d'année en année. En 1886, il y a eu 572 naturalisations ; en 1887, il y en a eu 1.534 ; enfin, en 1888, il y en a eu 1.959. — M. César Duval. Ce n'est pas encore assez ! — M. Eugène Durand. Il n'y en aura jamais trop ! — M. le rapporteur. Il n'y a pas de mal à cela ! — M. Camescasse. Il faut distinguer. Je vais vous dire quelle est la véritable raison de cet afflux d'immigrants. C'est qu'en 1886, il a été fait pour la Ville de Paris un règlement sur l'Assistance Publique... (*C'est cela ! — Très bien !*) qui contenait une disposition nouvelle aux termes de laquelle les Français seuls auraient droit à l'assistance annuelle à domicile... — M. de Lamarzelle. Et on a bien fait ! — M. Camescasse. Immédiatement vous avez vu le nombre des naturalisations passer du simple au double,

164, la Chambre a repoussé cet article 6. Ce vote signifiait que la Chambre s'opposait à ce que la naturalisation ou l'admission à domicile puissent être accordées à quiconque demanderait l'une ou l'autre en vue de profiter des secours de notre assistance publique. Cette volonté découlait de la constatation faite à la tribune par M. Camescasse que *l'on ne vient pas toujours frapper*

et cette année au triple (*Très bien ! Très bien !*) — Si cela est vrai, — et c'est incontestable, — *il n'est pas possible de dire qu'il faille accepter avec la même facilité toutes les catégories d'étrangers qui se présentent pour acquérir la nationalité française ou pour obtenir l'admission à domicile...* — M. le rapporteur. Le gouvernement est juge ! — M. Camescasse. Eh bien, alors, usant de mon droit, je demande au gouvernement, puisqu'il dispose de l'admission à domicile simple ou de la naturalisation en soumettant les affaires au Conseil d'Etat, *je lui demande s'il ne doit pas faire une attention scrupuleuse à ce flot d'étrangers qui veulent entrer chez nous pour des motifs qui ne sont pas dignes de la faveur qu'ils sollicitent* (*Très bien ! Très bien !*) Et puisque l'occasion m'en est fournie par M. le rapporteur, je prie M. le garde des Sceaux de faire attention à ce nombre, qui va croissant d'année en année, des naturalisations et des admissions à domicile. *On ne vient pas toujours frapper à la porte de la grande famille française pour l'honneur de s'appeler Français.* Combien d'immigrants n'y viennent que *pour occuper certains emplois subalternes* pour lesquels il ne manque pas de concurrents français ? Combien n'ont d'autre mobile et d'autre but que d'*accaparer des secours* qui seraient bien mieux placés entre les mains des travailleurs français malheureux ?... — M. Jules Gaillard (Vaucluse). Il faut... voir... si nous voulons faciliter la naturalisation, ou si nous voulons, en principe, la restreindre. — Ici se place l'objection de l'honorable M. Camescasse, qui a un intérêt véritable.— M. Camescasse nous a dit que, si l'on consultait la statistique de la naturalisation dans ces dernières années, on constaterait qu'un grand nombre d'étrangers ont sollicité la qualité de Français uniquement pour bénéficier de certains secours, de certains avantages qui dérivent pour ces étrangers de la qualité de Français. Or, Messieurs, la réponse aux scrupules de M. Camescasse, que je comprends, se trouve dans le texte même de la loi. — La loi ne dit pas qu'on devra accorder quand même la naturalisation à tout étranger qui en fera la demande. Elle s'exprime ainsi : « Peuvent être naturalisés »... — M. Eugène Durand (Ille-et-Vilaine). Après examen. — M. Jules Gaillard (Vaucluse). Parfaitement !— Ce n'est donc pas, vous le voyez, une obligation qui incombe à l'administration française de concéder la qualité de Français à quiconque la demande; mais *faculté est laissée à cette même administration de faire droit à toute demande de naturalisation...* — Quand vous vous trouvez en présence d'une demande de naturalisation qui dérive d'une *pensée de lucre, d'avantages matériels, personnels* à quiconque demande cette naturalisation, vous, administration qui avez la faculté d'admettre ou de repousser la demande, qui possédez tous les éléments utiles en pareille matière, vous n'aurez qu'à opposer un refus » (*J. off.* du 17 mars 1889, Déb. parl., Chambre, séance du 16 mars 1889, p. 595 à 598).

à la porte de la grande famille française, pour l'honneur de s'appeler Français.

Or, ces deux tendances étaient contradictoires.

Si l'on croyait devoir prendre des mesures de précaution pour écarter les indignes qui sollicitaient la naturalisation, ou l'admission à domicile, il fallait en prendre aussi contre ceux qui voulaient acquérir la qualité de Français par voie de déclaration, ou en participant aux opérations du recrutement. Ou bien alors, il fallait démontrer que ces dernières catégories d'étrangers offraient la spécialité de ne jamais compter aucun indigne dans leurs rangs. Or, non seulement une telle démonstration était impossible à faire, mais encore la démonstration contraire résultait du rapport fait par M. Camille Sée, au nom de la section de législation du Conseil d'Etat, ainsi que des déclarations faites lors de la première lecture au Sénat, tant par M. Camille Sée, à titre de commissaire du Gouvernement, que par M. Batbie, à titre de rapporteur; elle résultait aussi de la jurisprudence que nous avons exposée. Il est invraisemblable que la Chambre des députés s'y soit trompée. Mais il est vraisemblable qu'elle a eu peur de la presse, et qu'elle n'a pas toujours voté conformément à son sentiment intime. Les débats qui eurent lieu au sujet de l'article 6 prouvent assez que les députés étaient tout disposés à prendre les mesures nécessaires pour empêcher les indignes de devenir Français.

Ainsi fut adopté, contrairement au vœu véritable du Parlement, et sous l'influence d'une campagne de presse, le système suivant lequel les étrangers nés en France de parents étrangers et portés par erreur sur les listes du recrutement deviennent Français en participant aux opérations du recrutement, sans exciper de leur extranéité. C'était là, comme nous l'avons vu, une nouvelle application du principe de l'*égalité de traitement* entre ces étrangers, et ceux qui, habitant hors de France à l'époque de leur majorité, pouvaient, jusqu'à l'âge de vingt-deux ans accomplis, faire leur soumission de fixer en France leur domicile, et réclamer la qualité de Français par une déclaration, qui devait bien être enregistrée au ministère de la Justice, mais ne pouvait être refusée pour cause d'indignité. Et, pour traduire l'effet produit alors par cette égalité de traitement, on disait que la participation aux opérations du recrutement *équivalait à la déclaration* prescrite par l'article 9.

Moins de quatre ans après la mise en application de la loi du 26 juin 1889, le Parlement fut saisi d'un nouveau projet. Tant d'indignes profitaient des dispositions de l'article 9, qu'il fallut endiguer ce courant. Ce fut l'œuvre de la loi du 22 juillet 1893.

IV. — La loi du 22 juillet 1893.

La loi du 22 juillet 1893 est un retour aux principes qui avaient guidé la section de législation du Conseil d'Etat, en 1884.

Nous allons examiner :

1° Les faits qui ont amené le législateur à faire ainsi amende honorable au Conseil d'Etat;

2° Le but nouveau qu'il s'est assigné ;

3° Le moyen qu'il a employé pour atteindre ce but ;

4° La portée du dernier alinéa de l'article 9.

I. **Faits qui motivent le revirement du législateur.** — L'expérience n'avait pas tardé à prouver qu'en permettant à tout individu né en France d'un étranger, lorsqu'il n'est pas domicilié en France à l'époque de sa majorité, de devenir Français de plein droit, par l'accomplissement de formalités très simples, la loi du 26 juin 1889 avait ouvert toute grande la porte de la nationalité française à un nombre important d'indignes.

On avait dû admettre à la nationalité française, sans pouvoir leur opposer aucune barrière : « des individus auxquels leur *moralité douteuse* aurait fait certainement refuser la naturalisation, ou *dont la conduite avait rendu l'expulsion nécessaire,* ou même, *qui avaient porté les armes contre la France* »[1]; d'autres qui étaient des *repris de justice* (il y en avait qui possédaient à leur actif jusqu'à quatorze condamnations correctionnelles ou jusqu'à six ans de réclusion, voire même jusqu'à vingt-cinq condamnations pour mendicité); certains, qui étaient des *espions avérés au service de puissances étrangères.* On citait aussi une *tenancière de « maison mal famée,* lieu de réunion de mineurs pour les deux sexes »[2]. Lorsqu'il arrivait qu'un de ces « indésirables » fût expulsé de France, il lui suffisait de souscrire une déclaration de nationalité française, et cette décla-

(1) Ricard, garde des Sceaux, *Exposé des motifs du projet de loi déposé au Sénat le 4 avril 1892,* annexe n° 88, session ordinaire de 1892, p. 310.

(2) Delsol, *Rapport au nom de la Commission du Sénat.* Impressions du Sénat, session de 1892, annexe n° 208 (vol. 106), p. 9-10.

ration, en même temps qu'elle lui conférait de plein droit la qualité de Français, frappait d'inefficacité la mesure prise contre lui [1]. C'étaient là des faits précis. Un sénateur, M. Thézard, tenta pourtant d'objecter que les cas d'indignité signalés se référaient tous à des « individus déjà âgés qui, se souvenant à propos ou hors de propos que leurs parents avaient été Français, étaient venus, par exemple pour échapper à un arrêté d'expulsion, réclamer la qualité de Français dans un âge déjà avancé. Les fautes de la jeunesse, ajoutait-il, sont plus rares et, dans tous les cas, moins graves, que celles de l'âge mûr ; et, d'ailleurs, n'y a-t-il pas à tenir compte de ce que le réclamant se soumet au service militaire ? » [2] Mais cette argumentation reposait sur une erreur, et fut aisément réfutée par M. Falcimaigne, alors commissaire du Gouvernement : en fait, les cas d'indignité n'étaient pas rares parmi les jeunes gens qui atteignaient leur vingt et unième ou leur vingt-deuxième année, et qui devenaient Français de plein droit, grâce à la déclaration prévue par l'article 9 [3].

(1) Ricard, *Exposé des motifs*, précité, p. 310.

(2) *Journ. off.* Sénat, séance du 10 mars 1893, Sénat, déb. parl., p. 266, 1re col.

(3) « M. Falcimaigne, commissaire du gouvernement : La plupart des exemples de déclarants indignes, qui vous ont été cités par votre rapporteur, et dont il me serait facile d'augmenter le nombre, sont choisis dans des dossiers de déclaration faite en vertu de l'article 10 du Code civil. Mais il ne faudrait pas en conclure, messieurs, qu'il soit rare de découvrir des exemples analogues parmi les jeunes gens qui atteignent seulement leur vingt et unième ou leur vingt-deuxième année. On en peut trouver qui déjà ont fait courir au bon ordre et à la sécurité publique des dangers tels que des mesures de police se sont imposées contre eux, et qu'il a fallu les expulser de notre territoire. — Plusieurs sénateurs à droite : Il y en a beaucoup. — M. le commissaire du gouvernement : Je serais même tenté de dire, en rappelant les souvenirs que m'a laissés une assez longue expérience des fonctions du ministère public, que c'est trop souvent parmi les tout jeunes gens que se recrutent les malfaiteurs les plus résolus. (*C'est vrai !*) Mais sans aller aussi loin et dans les dossiers mêmes que j'ai pu mettre sous les yeux de votre commission, j'ai relevé l'exemple de deux jeunes gens qui n'avaient pas encore atteint leur vingt et unième année et que cependant le gouvernement avait cru devoir expulser à la suite de condamnations graves ou pour cause d'inconduite notoire. Ces jeunes gens, comme quelques-uns de ceux dont a parlé M. Delsol, ont voulu échapper aux conséquences de l'arrêté d'expulsion ; et, dans ce but, en conformité des dispositions de l'article 9, leur père a réclamé pour eux la qualité de Français, qui ne pouvait pas leur être refusée. Ainsi, l'arrêté d'expulsion est devenu immédiate-

Pourtant, nul n'exigea, pour rémédier à cet état de choses, que les individus nés en France d'un étranger, qui n'y seraient pas domiciliés à l'époque de leur majorité, aient besoin, pour devenir Français, d'un décret de naturalisation. Cette solution, préconisée en 1884 par le Conseil d'Etat, a été définitivement abandonnée.

Il n'était pas nécessaire d'imposer la naturalisation, pour atteindre le but désiré.

Quel était donc ce but?

II. **But visé par le législateur.** — Les travaux préparatoires indiquent avec la netteté la plus grande, quel était le but à atteindre.

Il s'agissait de donner au gouvernement le moyen de « pouvoir toujours, quel que soit le mode d'acquisition, *s'opposer à* « *l'introduction dans la nationalité française* » *des étrangers qui se sont signalés à lui par des actes répréhensibles* »[1].

En visant un tel but, on cherchait à satisfaire « *un besoin* d'ordre public ». Le droit, qu'on allait donner au gouvernement, répondait « à la nécessité de protéger *la moralité et la sécurité publiques* : la moralité en écartant les gens véreux et les repris de justice; la sécurité, en empêchant les individus pour lesquels l'espionnage est un métier de venir s'asseoir à notre foyer, afin d'y mieux surveiller tous les actes de notre vie »[2].

Sur le but à atteindre, aucune discussion ne s'est élevée au cours des travaux préparatoires. L'unanimité, cette fois, était complète.

III. **Moyen employé.** — Le moyen en vue d'atteindre ce but, consistait en un droit, pour le gouvernement, de « *refuser l'enregistrement de la déclaration*, lorsque, en raison des antécédents connus du délinquant, l'acquisition de la qualité de Français paraîtrait « devoir être *préjudiciable aux intérêts français* »[3].

---

ment lettre morte et ils ont pu rentrer sur notre territoire sans crainte d'y être inquiétés et sans crainte surtout d'en être chassés de nouveau. Vous voyez, messieurs, que, même dans le cas de l'article 9, le danger que nous vous signalons n'est rien moins que chimérique, puisqu'il se manifeste par des faits » (*Journ. off.*, séance du 10 mars 1893, Sénat, déb. parl., p. 270).

(1) Ricard, *Exposé des motifs*, précité, p. 310.

(2) Delsol, rapporteur au Sénat, *Journ. off.*, séance du 10 mars 1893, Sénat, déb. parl., p. 268.

(3) Ricard, *Exposé des motifs*, précité, p. 310.

Ce droit de veto, réclamé par le gouvernement, « semblait constituer une protection désormais indispensable à la moralité
et à la sécurité publiques » [1].

Le choix de ce moyen souleva une objection de la part d'un
des membres de la Commission du Sénat, M. Thézard. Repre-
nant l'idée qui avait inspiré la campagne de presse de 1886,
M. Thézard argumentait de la façon suivante :

« En soumettant les déclarations à un enregistrement qui
donnera souvent lieu à une sorte d'enquête administrative préalable, on tarira la source des déclarations faites en vue d'acquérir
la qualité de Français ». [2].

Cette objection n'arrêta pas la Commission du Sénat.

« Il est bien vrai, répondit-elle, que, dans certains cas, le
gouvernement croira nécessaire de prendre des renseignements
sur le déclarant. Mais *si un étranger qui veut devenir Français
redoute ses investigations, c'est qu'il a sans doute quelque raison
d'en craindre le résultat, et alors nous ne devons pas regretter
qu'il renonce à notre nationalité pour conserver la sienne* » [3].

Et le Sénat donna raison à la commission.

Ce moyen, qui a été adopté presque sans discussion par la
Chambre [4], et qui a reçu, par conséquent, l'assentiment complet
du législateur, était-il efficace? En d'autres termes, atteignait-on
ainsi le but que l'on s'était proposé?

Pour atteindre ce but, il fallait que la barrière opposée
à l'afflux des étrangers ne contînt aucune fissure, par où ils
pussent se glisser sans subir l'examen de moralité, imposé par la
loi nouvelle.

Or, cet examen de moralité allait certainement être imposé
à ceux qui feraient une *déclaration*. Mais serait-il également
imposé à ceux qui, inscrits par erreur sur les listes du recensement, *participeraient aux opérations du recrutement,* sans exciper
de leur extranéité?

Jusqu'à présent, les auteurs et la jurisprudence ont été una-
nimement d'accord pour reconnaître qu'il y avait là une lacune
dans la loi.

Cette lacune existe-t-elle vraiment?

(1) Delsol, *Rapport précité*, p. 11.
(2) Thézard, cité par Delsol, *ibid.*, p. 5.
(3) Delsol, *ibid.*, p. 6.
(4) *Journ. off.*, séance du 6 mai 1893, Chambre, Déb. parl., p. 1349-1352.

C'est la question qu'il nous reste à résoudre à la lumière des travaux préparatoires.

IV. **Portée nouvelle du dernier alinéa de l'article 9.** — 1. *Comment la question se posait devant le Parlement.* — Au moment où l'on examinait, au Parlement, le projet qui devait aboutir à la loi du 22 juillet 1893, on pouvait redouter l'existence d'une fissure plus grande encore que celle dont nous nous occupons en ce moment.

En effet, le projet laissait subsister les deux derniers alinéas de l'article 9, sans toucher à la rédaction que leur avait donnée la loi du 26 juin 1889, et il ne modifiait pas davantage l'article 10 du Code civil.

Or, l'avant-dernier alinéa de l'article 9 permet au père de faire au nom de son fils, âgé de moins de vingt et un ans accomplis, la déclaration prévue par l'article 9; en cas de décès du père, ce droit appartient à la mère; et, en cas de décès du père et de la mère, il appartient au tuteur, autorisé par le conseil de famille. — Sous l'empire de la loi du 26 juin 1889, les déclarations ainsi faites au nom de mineurs devaient nécessairement être enregistrées : on ne pouvait opposer à l'enregistrement aucun refus, même en cas d'indignité du mineur. — Mais le projet, en laissant subsister cet alinéa, sans y rien modifier, était susceptible d'être interprété de deux manières différentes : la déclaration faite par les représentants du mineur était-elle celle de l'article 9 non revisé, c'est-à-dire ne comportant aucun examen de moralité? — ou bien, par le fait que cet alinéa était mis à la suite de ceux qui donnaient au gouvernement un droit de veto, changeait-il de sens, et signifierait-il désormais que « la déclaration » dont il y est parlé pourrait être rendue inefficace par le refus d'enregistrement?

A la vérité, cette deuxième solution s'imposait. Dans la nouvelle rédaction de l'article 9, les neuf premiers alinéas parlent de « la déclaration », soumise au veto du gouvernement. Le dixième alinéa, pour avoir figuré dans la rédaction antérieure de l'article 9, n'en fait pas moins pour cela corps avec les alinéas précédents. Quand, à son tour, il parle de « la déclaration », il ne peut faire allusion à aucune autre déclaration qu'à celle prévue par les alinéas précédents, c'est-à-dire à celle qui est soumise au veto gouvernemental.

La même question pouvait et devait se poser en ce qui concerne l'alinéa final de l'article 9. Mais la solution en était plus douteuse. Car cet alinéa, comme nous le savons, prévoit l'acquisition de la qualité de Français *sans déclaration*. Fallait-il donc conserver à l'alinéa son sens antérieur et dire que l'étranger, qui voulait bénéficier de l'erreur commise sur les listes du recensement, pouvait devenir Français, sans subir aucun examen de moralité? Ou bien fallait-il dire que le Gouvernement pourrait exercer, en ce qui le concerne, le droit de veto, créé par la nouvelle rédaction de l'article 9?

Enfin, la question relative à l'article 10 du Code civil devait comporter une solution, entièrement subordonnée à celle qu'allaient recevoir les questions, dont nous venons de parler, relatives aux deux derniers alinéas de l'article 9. En effet, l'article 10, tel que l'avait rédigé la loi du 26 juin 1889, déclarait que « tout individu né en France ou à l'étranger de parents dont l'un a perdu la qualité de Français » pourrait « réclamer cette qualité à tout âge, aux conditions fixées par l'article 9... ». L'article 9 venant à être modifié par la loi du 22 juillet 1893, il n'était guère douteux que les conditions nouvelles édictées par l'article 9 dussent désormais être appliquées à l'individu qui se réclamerait de l'article 10. Il semblait même, que, si cet individu était âgé de moins de vingt et un ans accomplis, il pouvait, comme celui qui était dans le cas de l'avant-dernier alinéa de l'article 9, être écarté de la nationalité française, par suite de l'exercice du veto gouvernemental. Mais la question était plus délicate, en ce qui concernait celui qui voudrait profiter, pour devenir Français, de l'erreur commise sur les listes du recensement et acquérir notre nationalité sans faire de déclaration.

2. *Le Parlement a vu la question, mais n'y a pas répondu directement.* — On ne saurait dire que le législateur n'a pas aperçu ces diverses questions. Bien au contraire, elles ont été posées devant le Sénat, par M. Thézard.

« S'il m'est permis, dit ce sénateur, de m'arrêter un instant sur quelques légers détails de forme, je trouve... *qu'on ne voit peut-être pas très nettement, dans le projet de la commission, si les hypothèses prévues à la fin de l'article 9, conservée telle quelle* [1], *et si les hypothèses de l'article 10 sont régies par les*

---

(1) Le *Journal officiel* porte : « conservé tel quel ». Nous mettons ces mots au féminin, sinon ils n'ont pas de sens intelligible. C'étaient les alinéas 2 et 3

*règles spéciales à l'enregistrement et au refus d'enregistrement,
ou dans quelle mesure elles sont régies par ces règles nouvelles* ».

Puis, précisant les hypothèses qu'il avait en vue, M. Thézard
ajoutait :

« Il s'agit d'un jeune homme *qui va être appelé sous les drapeaux*, ou *qui veut s'engager*, ou *qui a l'intention de se présenter
à une école du gouvernement*. Si vous attendez, pour donner
effet à sa déclaration, l'enregistrement au ministère de la Justice,
il y aura peut-être une année de perdue. *Il s'agit d'un conscrit
qui va tirer au sort*; s'il ne peut le faire qu'après que sa déclaration aura été enregistrée, il devra au pays une année de moins de
service : aux termes de l'article 12 de la loi militaire de 1889, on
ne doit le service militaire que de la classe à laquelle on appartient par son âge » [1].

Il ne saurait y avoir aucun doute sur la portée des hypothèses, qui préoccupaient M. Thézard. Les cas du jeune homme
qui veut s'engager et de celui *qui a l'intention de se présenter
à une école du gouvernement* constituent des applications de
l'avant-dernier alinéa de l'article 9, et, éventuellement, de
l'article 10. Ceux du jeune homme *qui va être appelé sous les
drapeaux*, ou *qui va tirer au sort*, pouvaient être des applications soit de l'avant-dernier alinéa, soit du dernier alinéa de
l'article 9; car le jeune homme, qui est appelé et participe aux
opérations du conseil de revision, est parfois majeur et aussi
parfois mineur, suivant l'époque de l'année où il est né. D'ailleurs, ces mêmes cas pouvaient, éventuellement, constituer des
applications de l'article 10.

Mais M. Thézard, en posant ces questions, perdait de vue
que, dans le cas de l'alinéa final de l'article 9, il n'y avait pas
de déclaration à effectuer, et qu'il était même douteux qu'en
ce cas, le gouvernement conservât son droit de veto. Il avait
bien annoncé qu'il prévoyait des difficultés relatives à « la fin »
de l'article 9, mais il posait très mal la question que soulevait

de l'article 9 qui étaient conservés tels quels et qui allaient devenir les alinéas 10
et 11 (avant-dernier et dernier) de l'article 9 nouveau. Ainsi le commencement
de l'article 9 allait subir de nombreuses modifications et adjonctions. Seule *la fin*
devait en être *conservée telle quelle*. Le *Journal officiel* contient donc une faute
d'impression. Il n'y a aucun doute possible à ce sujet.

(1) *Journ. off.*, séance du 10 mars 1893, Déb. parl., Sénat, p. 265, Col. 3.

l'alinéa final de cet article. Il en vint même à perdre de vue tout à fait cette question. Si bien que, prenant à nouveau la parole, il insista pour qu'on lui fît une réponse précise sur le cas où un jeune homme, *ayant fait une déclaration,* sera appelé sous les drapeaux : devra-t-il attendre l'enregistrement ou le refus d'enregistrement pour aller accomplir son service? Ce n'était plus du tout l'hypothèse prévue par l'alinéa final de l'article 9 [1].

Aussi la réponse qui fut faite à M. Thézard par M. Falcimaigne, commissaire du gouvernement, ne vise-t-elle nullement l'hypothèse prévue par l'alinéa final de l'article 9. Il importe, néanmoins, de noter cette réponse de M. Falcimaigne, parce que, sans répondre à la question qui nous préoccupe, elle contient certains éléments, qui nous aideront à en trouver la solution.

D'après M. Falcimaigne, toute déclaration devait être considérée comme étant *sous condition suspensive;* si bien que l'enregistrement accordé produit un effet rétroactif, et tout se passe alors comme si la déclaration avait fait acquérir à sa date même la qualité de Français au déclarant. Ainsi, le déclarant qui, avant de savoir si sa déclaration sera ou non enregistrée, est appelé sous les drapeaux, doit partir pour le service militaire [2]. La même solution doit aussi s'appliquer, d'après les déclarations de M. Delsol, dans le cas où l'un des individus dont parle l'article 10 fait une déclaration et se trouve appelé sous les drapeaux avant de savoir si l'enregistrement de sa déclaration sera refusé ou non [3]. Cette solution a d'ailleurs été introduite dans

---

(1) « Quelle sera, dit-il, sa situation (la situation du jeune homme appelé au service militaire), dans l'intervalle entre la déclaration qu'il aura faite et l'enregistrement qui en sera opéré au ministère de la Justice? Sa déclaration produira-t-elle un effet ou n'en produira-t-elle pas? — Si sa déclaration n'en produit pas, je crois vous en avoir montré les inconvénients : c'est que, par le fait du retard, un individu peut perdre une année et perdre sa carrière tout entière ; c'est que, de son côté, le pays peut avoir perdu une année de service militaire qu'il ne pourra plus réclamer. Ne donnez-vous pas par là même au déclarant un intérêt à encourager la négligence qu'on peut apporter à la transmission des pièces, car il sera ainsi dispensé d'une année de service militaire? » (*Journ. off.,* séance du 10 mars 1893, Sénat, déb. parl., p. 269, col. 1).

(2) *Journ. off.,* séance du 10 mars 1893, Sénat, déb. parl., p. 270, col. 1 et 2.

(3) *Ibid.,* col. 3.

la loi par voie d'amendement, et elle se trouve exprimée, actuellement, par l'alinéa 7 de l'article 9 [1].

En résumé, la question qui nous occupe a été posée devant le Sénat; mais si cette assemblée a résolu des questions connexes, relatives à l'avant-dernier alinéa de l'article 9 et à l'article 10, elle n'a donné *directement* aucune solution à notre question et elle n'a même pas eu à voter sur l'alinéa final de l'article 9, qui, étant la reproduction littérale de l'alinéa antérieur, n'avait pas à être adopté de nouveau [2].

3. *Les travaux préparatoires contiennent néanmoins une réponse indirecte à la question.* — La doctrine et la jurisprudence actuelles se fondent précisément sur le silence du législateur pour dire : l'alinéa final de l'article 9 doit être interprété, depuis la loi du 22 juillet 1893, exactement comme auparavant : or, avant, il permettait à celui qui se trouvait dans les conditions prescrites, de devenir Français *de droit ;* donc, il doit en être encore de même.

Nous avons exposé, au début de cette étude, les difficultés inextricables auxquelles avait mené ce système, qui semble, au premier abord, rigoureusement exact.

A ce système, nous en avons opposé un autre, qui supprime toutes les difficultés et que nous devons, maintenant, nous efforcer de justifier.

Notre tâche est facilitée par l'étude à laquelle nous venons de nous livrer.

L'argumentation traditionnelle contient une affirmation fondamentale qui, si elle n'est pas absolument fausse, exige néanmoins d'être sérieusement rectifiée.

On dit que, d'après l'article 9, tel qu'il était rédigé sous l'empire de la loi du 26 juin 1889, l'individu qui bénéficiait de l'alinéa final devenait Français *de droit.* — C'est vrai. Mais pourquoi accédait-il *de droit* à la nationalité française? Nous l'avons dit et démontré, travaux parlementaires en mains : c'était parce que, en 1889, le fait, pour cet individu, de participer aux opérations du recrutement, sans exciper de son extranéité, était assimilé à une déclaration : ce fait constituait une *déclaration tacite.* — Et pourquoi ce fait était-il considéré comme

_____

(1) *Journ. off.*, séance du 16 mars 1893, Sénat, déb. parl., p. 322, col. 1 et 2.
(2) *Ibid.*, séance du 10 mars 1893, Sénat, déb. parl., p. 271, col. 2.

une déclaration tacite? Nous l'avons aussi prouvé, c'était parce que *l'égalité de traitement* entre l'individu en question et celui qui fait la déclaration prévue par les autres alinéas de l'article 9 s'impose au législateur : c'est un principe supérieur d'équité, qui domine toute notre matière et qu'à chaque époque, le législateur a toujours proclamé et consacré.

La formule doit donc être rectifiée de la manière suivante. Avant la loi du 22 juillet 1893, l'alinéa final de l'article 9 accordait à l'individu dont parle cet alinéa un *traitement égal* à celui que, par ailleurs, l'article 9 réservait à l'individu astreint à effectuer une déclaration : la loi considérait que le fait, pour le premier individu, de participer aux opérations de recrutement sans opposer son extranéité, constituait une *déclaration tacite* et produisait les mêmes effets qu'une déclaration expresse.

Reprenons, maintenant, le raisonnement sur lequel s'appuie le système que nous combattons, et remplaçons-y la formule, que nous avons critiquée, par la formule plus exacte, qui résulte de l'examen des travaux préparatoires.

Nous arrivons alors à la conséquence que nous avons annoncée. L'individu dont parle l'alinéa final de l'article 9 ne devient pas Français *de plein droit*. Il devient, en vertu du principe de *l'égalité de traitement*, Français, dans les mêmes conditions que celui qui a effectué la déclaration prévue par l'alinéa 1. Le fait de participer aux opérations de recrutement sans opposer son extranéité vaut *déclaration tacite*. Cette déclaration tacite doit, comme s'il s'agissait d'une déclaration expresse, être « à peine de nullité, enregistrée au ministère de la Justice » (art. 9, al. 1) et l'enregistrement peut en être *refusé* si l'individu en question « n'est pas dans les conditions requises par la loi » (même art., al. 2), et en outre « pour cause d'*indignité* », sauf recours au Conseil d'Etat (même art., al. 4).

Cette interprétation n'est nullement incompatible avec le texte même de l'alinéa final de l'article 9. En effet, l'interprétation traditionnelle consiste à sous-entendre les mots « de plein droit », après la formule : « Il devient également Français... ». Or, le texte ne dit nullement « de plein droit ». Notre interprétation consiste à sous-entendre les mots : « sous condition suspensive ». Et nous ne croyons pas dépasser ainsi les droits de l'interprète.

Car, remarquons-le bien, celui qui fait la déclaration prévue par les premiers alinéas de l'article 9, *devient Français*, par l'effet de la déclaration. Nous avons exposé dans quelles circonstances le législateur avait précisé, à ce sujet, son point de vue, et comment il avait été amené à voter un texte, aux termes duquel *la déclaration produit ses effets du jour où elle a été faite, sauf l'annulation qui peut résulter du refus d'enregistrement* (art. 9, al. 7). Puisque l'étranger *devient* ainsi *Français, sous condition suspensive*, par une simple déclaration, il est loisible à l'interprète de rapprocher du texte qui exprime cette règle, l'alinéa final, aux termes duquel l'étranger « *devient* également *Français, — si... »*. *Egalement,* c'est-à-dire *sous condition suspensive,* en d'autres termes, *sauf l'annulation qui peut résulter du refus d'enregistrement.*

S'il est loisible à l'interprète de comprendre ainsi l'alinéa final de l'article 9, cela devient pour lui une obligation, lorsqu'il songe, — d'une part, au principe de l'*égalité de traitement,* qui domine cette matière, — d'autre part, à la volonté, nettement et fréquemment exprimée par les auteurs de la loi du 22 juillet 1893, de ne laisser subsister *aucune fissure,* par où des étrangers indignes pourraient pénétrer dans la nationalité française : le droit de veto du Gouvernement devait, disaient-ils, exister, *quel que fût le mode d'acquisition* de la qualité de Français, et cette règle répondait, selon eux, à un *besoin d'ordre public.*

En conséquence, nous pouvons dire que notre système paraît bien avoir été celui du législateur. En tout cas, il est le seul qui soit en harmonie avec les vues du législateur. S'il ne résulte directement d'aucune explication fournie à la tribune, il découle du moins *par voie de conséquence,* des deux principes que nous venons de rappeler et que nous exprimons brièvement par les formules : *pas de fissure* et *égalité de traitement.*

Nous reconnaissons qu'on peut faire un reproche à notre interprétation : celui de venir beaucoup trop tard, presque vingt ans après la loi. Elle se heurte, en effet, à une tradition nettement établie, et à des habitudes profondément enracinées. Si elle avait été émise dès le lendemain du vote de la loi de 1893, elle aurait été vraisemblablement admise de suite, et bien des difficultés auraient été évitées. Maintenant, la jurisprudence est fixée.

Nous répondons d'avance à ce reproche, dont nous sommes loin de méconnaître l'importance. Et notre réponse est double.

En premier lieu, nous ferons remarquer que notre interprétation, pour nouvelle qu'elle soit, n'est ni téméraire, ni même hasardée. Elle se fonde sur l'intention probable du législateur, telle que nous la révèle l'étude des travaux préparatoires, et elle est aisément conciliable avec la lettre même de l'article 9.

On peut citer plus d'un cas, où les textes du Code ont été interprétés d'une façon beaucoup plus hardie, tant par la doctrine que par la jurisprudence.

En second lieu, nous rappellerons qu'actuellement, en raison de l'interprétation traditionnelle de l'alinéa final de l'article 9, les indignes deviennent Français, en se faisant inscrire sur les listes du recensement, et sans avoir à subir aucun examen de moralité. Pour endiguer cet afflux d' « indésirables », un changement de jurisprudence est à souhaiter. Il est même ouvertement désiré par tous ceux qui se préoccupent de cet état de choses. L'heure n'est donc pas mal choisie pour émettre un système, qui, s'il a l'inconvénient de renverser les idées reçues, offre du moins l'avantage de suggérer aux tribunaux des motifs de décision, qu'ils n'ont pas encore invoqués dans leurs jugements. En adoptant ces motifs, les tribunaux amèneraient la Cour de cassation à examiner encore une fois la question, et il est permis d'espérer que notre cour suprême, mieux informée, renoncerait alors définitivement à sa doctrine actuelle.

IMPRIMERIE
CONTANT-LAGUERRE

BAR-LE-DUC